毎日 食育クイズ250

CD-ROMつき

書きかえ自由自在パワーポイントブック

筑波大学附属小学校 桂 聖 監修

少年写真新聞社

「食育クイズ」で
「楽しくおいしく食べる時間」に！

給食は、子どもが楽しみにしている時間です。でも、無味乾燥になっていませんか。「時間内に」「残さず」「きれいに」食べる。最近では、感染を防ぐために「一言もしゃべらず」食べる。「食べること」は、本来、人間の生活でも、いちばん大切で楽しい時間。さまざまな制限がありますが、少しでも「楽しくおいしく食べる時間」にしたいものです。

さて、本書の「食育クイズ」では、「食」に関連して、さまざまな「豆知識」を得ることができます。食べる前、画面やスクリーンに映したり、話をしてあげたりすることで、子どもたちは、「なるほど！」「おもしろい！」と思いながら食べるでしょう。

実は、私が担任しているクラスでは、給食係が献立に関連して「豆知識」を話します。ほかの子も、毎日の話を楽しみにしています。

本書を活用していただくことで、日本全国の教室で、給食が「楽しくおいしく食べる時間」になることを願っています。

2022年７月　筑波大学附属小学校　桂 聖

本書を使う前にお読みください

本書は、『給食ニュース』と『たのしくたべようニュース』で過去に弊社で撮影した写真を使い、新たに70点以上の写真を撮影しました。また、イラストは本書のためにすべて描き起こしたものです。これらの写真やイラストを使用してクイズを制作し、パワーポイントとしてCD-ROMに収録しています。

パワーポイントは基本的に常用漢字を使用し、すべてふりがなをつけています。子どもたちの発達段階や学校の指導内容・指導時期に合わせて、文章を変更したり、クイズを入れかえたりしてご活用ください。

また、収録しているパワーポイントについては、恐れ入りますが、使用に際して下記のような制限を設けております。

なお、収録しているパワーポイントのはじめのスライドに、著作権に関する事柄を、右記のように掲載しています。

もくじ

10月

11月

12月

1月

2月

3月

本書の使い方

本書は見開きで１週間分（月曜日～金曜日）のクイズを掲載し、偶数ページにクイズの問題を、奇数ページにクイズの答えと解説を掲載しています。

〈例〉４月第２週

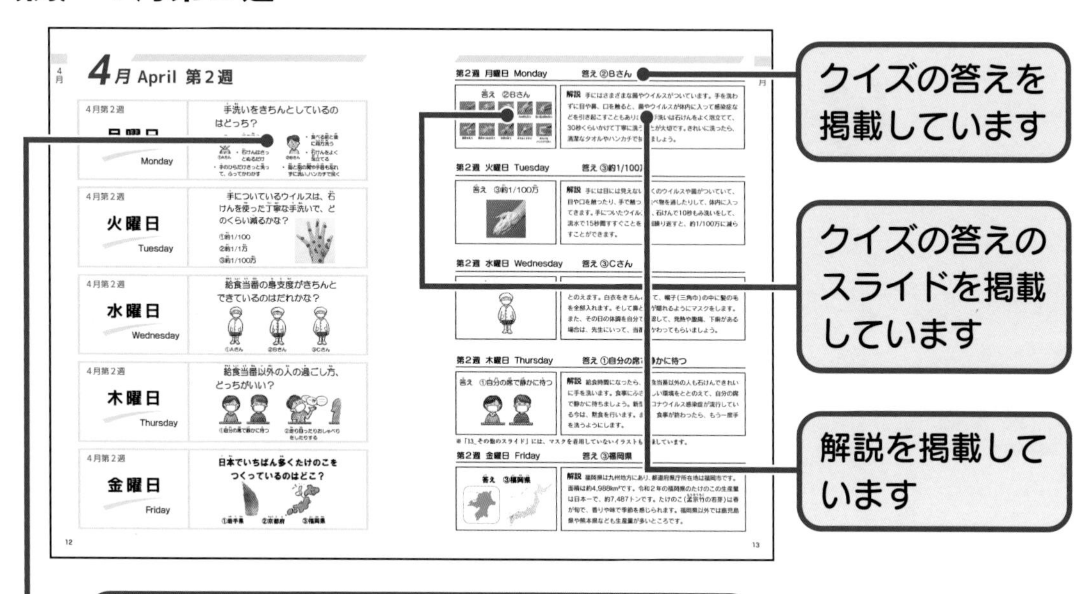

クイズの問題のスライドを掲載しています

各月の最初のページ

〈例〉４月

月の最初のページには、その月の行事などが書き込めるように、ノート形式にしています。

各月の最後のページ

月の最後のページには、その月のクイズ一覧と、クイズ内容（手洗いの大切さなど）をあらわしています。

クイズの内容について

本書に掲載しているクイズは全部で250問です。給食時間で１問ずつ使用しても、１年間で毎日違うクイズを出題することができます。

クイズの内容は食材、栄養、健康、マナー、SDGs、行事食、郷土料理、野菜や果物の花、食材の収穫量（漁獲量）日本一、魚へんの漢字、ことわざ・四字熟語など、多岐にわたっています。各月の最終ページにクイズの内容を簡単に示していますので、学校の指導内容や給食で使う食材の内容などによって、クイズを入れかえて、オリジナルのものをつくることができます。

※「13_その他のスライド」には、中学校版やルビなし版に変更したスライドを収録しています。また、日本一の収穫量（漁獲量）に登場しなかった14都府県の答え版を収録しています。学校の状況に応じて、ご活用ください。

パワーポイントの使い方

ここでは、基本的なパワーポイントの使い方についてご説明します。詳しくはパワーポイントの操作方法を記した書籍やウェブサイトなどでご確認ください。

※パワーポイントは、お使いのOSやバージョンによって、レイアウトやルビがずれることがあります。

パワーポイントの構成

〈例〉４月第２週月曜日

①問題

手洗いをきちんとしているのはどっち？

①Aさん
・手を洗うのは食べる前だけ
・石けんはさっとぬるだけ
・手のひらだけさっと洗って、ふってかわかす

②Bさん
・食べる前と後に両方洗う
・石けんをよく泡立てる
・指と指の間や手首も忘れずに洗い、ハンカチで拭く

②答え

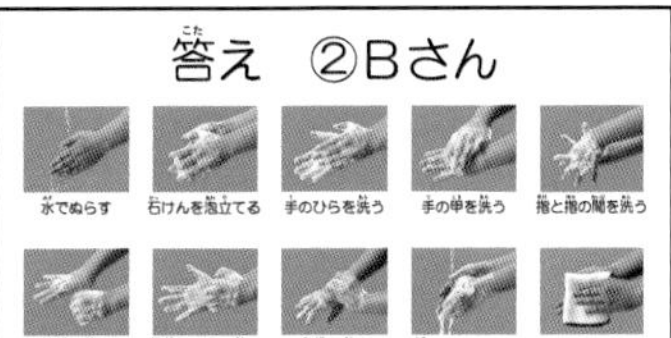

③解説

解説

手にはさまざまな菌やウイルスがついています。手を洗わずに目や鼻、口を触ると、菌やウイルスが体内に入って感染症などを引き起こすこともあります。手洗いは石けんをよく泡立てて、30秒くらいかけて丁寧に洗うことが大切です。きれいに洗ったら、清潔なタオルやハンカチで拭きましょう。

パワーポイントは、１つのクイズに３つのスライド（問題・答え・解説）で構成しています。解説は、それぞれ140字以内にまとめています。

2022年７月現在、コロナ禍のため、４月第２週木曜日の「給食当番以外の人の過ごし方」はマスク着用になっていますが、CD-ROM内の「13_その他のスライド」にマスク着用なしのイラストを使用したスライドも収録しています。

コロナ禍で給食時間に声を出しての指導が難しいことも想定し、p. 9にはスライドにナレーションを入れる場合の方法を示しています。

パワーポイントの操作画面

パワーポイントのファイルを開くとこの画面になります。

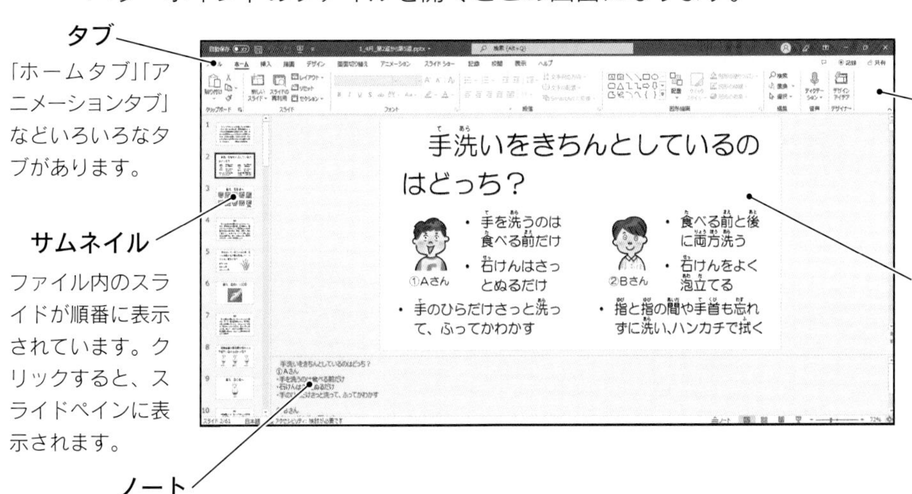

タブ
「ホームタブ」「アニメーションタブ」などいろいろなタブがあります。

サムネイル
ファイル内のスライドが順番に表示されています。クリックすると、スライドペインに表示されます。

ノート
選択中のスライドにメモを書くことができます。付属のCD-ROMでは、スライドの文章や出典などが入力されています。

リボン
今、使用しているタブの機能が収納されています。

スライドペイン
今、使用しているスライドが大きく表示されます。文字の変更などはここで行います。

①文字やフォントを変更する・ルビを取る

Ⓐ

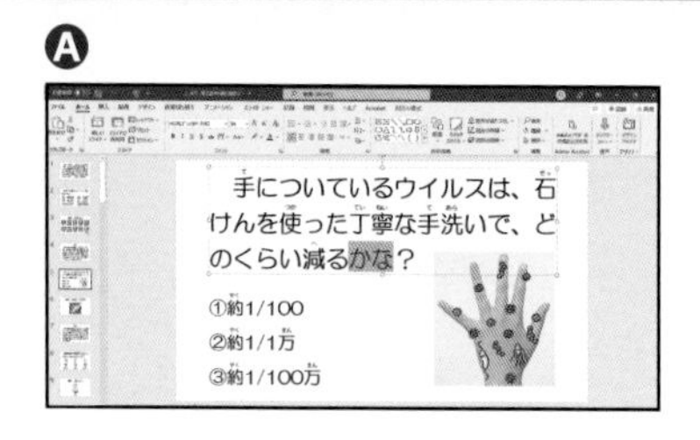

Ⓑ

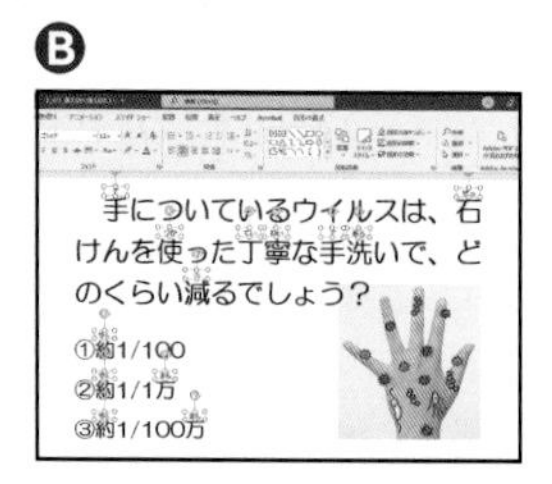

修正後

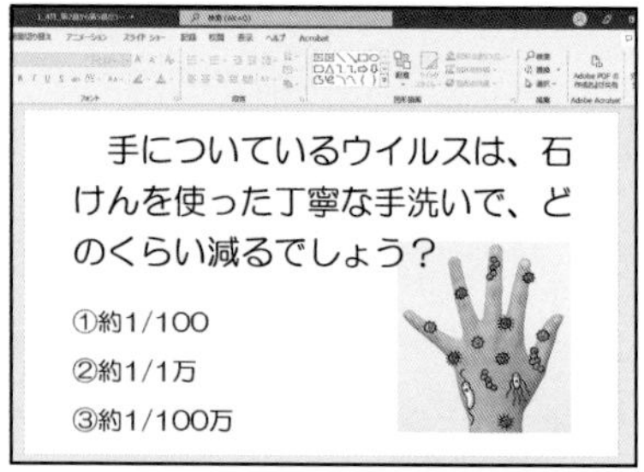

変更したいスライドをサムネイルから選びます。

スライドペイン（大きなスライド）で修正したい文字をドラッグして反転させてⒶ、文字を変更します。スライドのルビをすべて取る場合は、シフトキーを押しながら、ルビをクリックしていきⒷ、デリートキーを押します。フォントを変更する場合は、変更したい文字をドラッグして、「ホームタブ」から変更したいフォントを選びます。

②図形や文字の色を変更する

Ⓒ

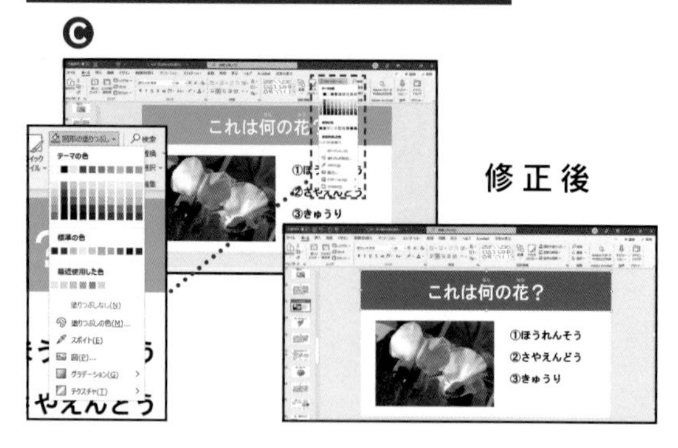

Ⓓ

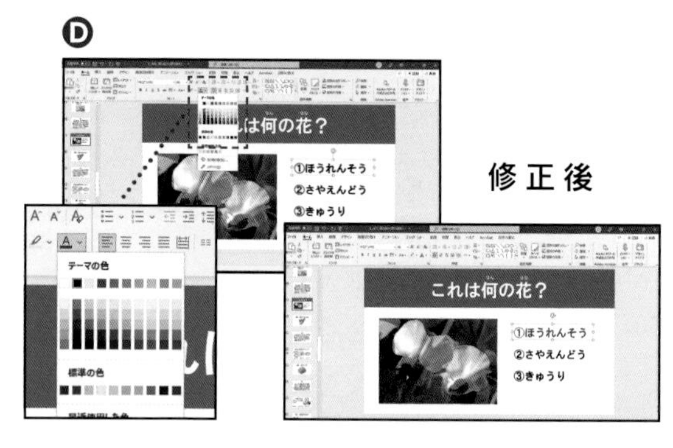

色を変更したい図形をクリックします（画面は文字の背面の色を変更する場合）。「ホームタブ」から「図形の塗りつぶし」を選びⒸ、変更したい色を選びます。文字色を変更したい場合は、変更したい文字をドラッグして反転させて、「ホームタブ」から文字色を選んでⒹ変更します。

③スライドの順番を入れかえる

Ⓔ

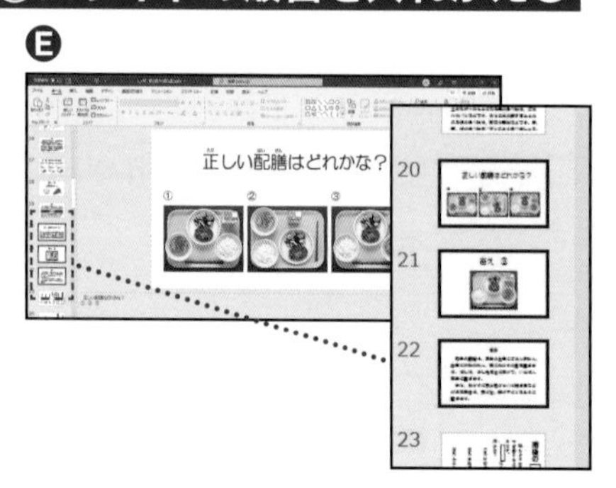

Ⓕ

移動後

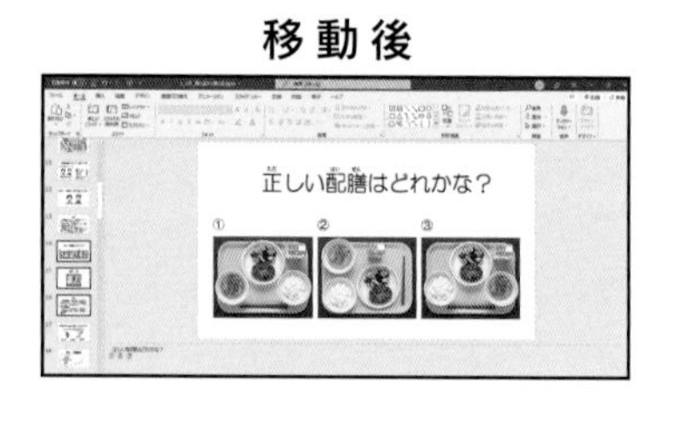

【４月第３週火曜日の「正しい配膳」を４月第２週金曜日に移動する場合】

「正しい配膳」の問題、答え、解説のサムネイルをシフトキーを押しながらクリックしますⒺ。そのまま、移動したいサムネイル（第２週木曜日）の下に移動しますⒻ。

④アニメーションを使う

Ⓖ

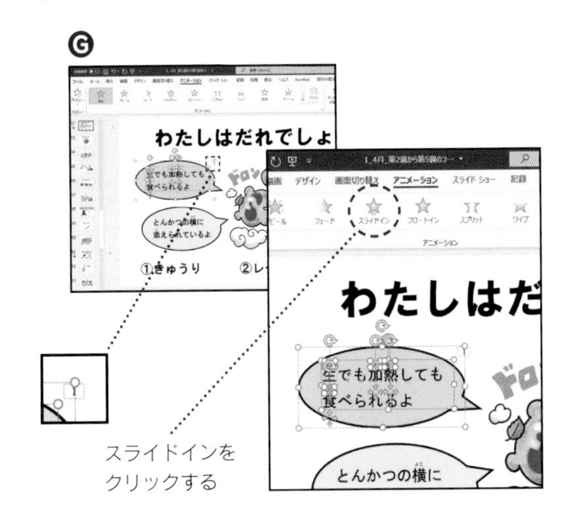

Ⓗ

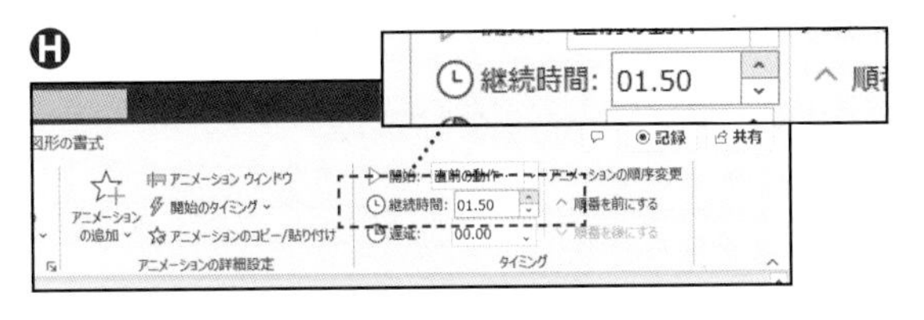

アニメーションのプレビュー画面

【４月第４週月曜日の「わたしはだれでしょう？」にアニメーションを設定する場合】
このクイズは、吹き出しなどを時間差で登場させると効果的です。

まず、「わたしはだれでしょう？」の文字と「たぬき」のイラストをクリックして、「アニメーションタブ」の「スライドイン」をクリックします（番号1が入ります）。これはアニメーションの順番です。そして、継続時間を1.5に変更します（初期設定では0.5秒になっているので、この時間も自由に設定変更できます）。「生でも加熱しても食べられるよ」の「吹き出し」の図形と、文字枠、ふりがな枠をすべてクリック（シフトキーを押しながら）してからⒼ、「スライドイン」をクリックし、継続時間を1.5に変更しますⒽ。続けて、アニメーションに登場させたい順番ごとに設定していきます。

最後に、プレビューでアニメーションを確認します。

※「わたしはだれでしょう？」の場合、吹き出しは図形、文字枠、ふりがな枠がわかれているので、シフトキーを押しながら一つの吹き出しをまとめないと、アニメーションを使う際に、バラバラになってしまいます。

⑤ナレーションを入れる

Ⓘ

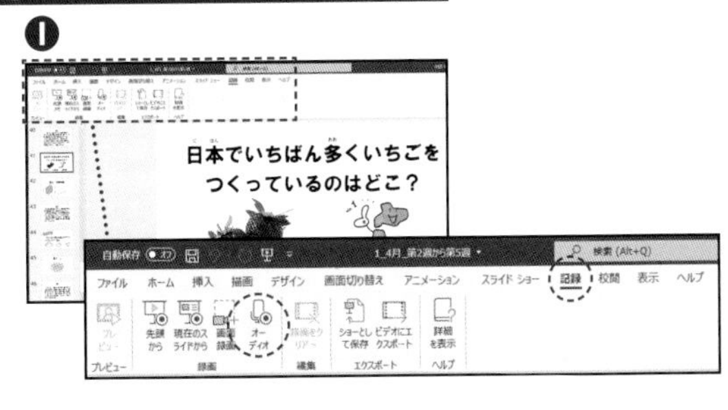

Ⓙ

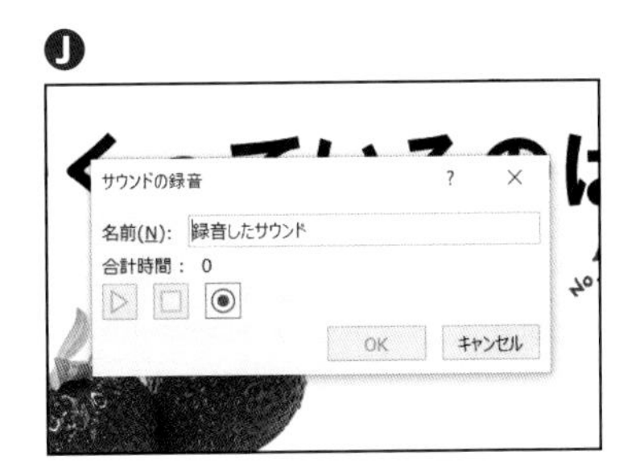

【４月第４週木曜日の「日本でいちばん多くいちごをつくっているのはどこ？」の問題にナレーションを入れる場合】

「記録タブ」から「オーディオ」を選びますⒾ。録音キーを押して、問題を読み上げて、録音しますⒿ。

※コロナ禍で、直接子どもたちに呼びかけることが難しい場合などは、ナレーションを入れると、より活用できます。

CD-ROMの構成

■ファイル・フォルダの構成

1_4月_第2週から第5週.pptx
2_5月_第1週から第5週.pptx
3_6月_第1週から第5週.pptx
4_7月_第1週から第4週.pptx
5_8月_第5週.pptx
6_9月_第1週から第5週.pptx
7_10月_第1週から第5週.pptx
8_11月_第1週から第5週.pptx
9_12月_第1週から第4週.pptx
10_1月_第2週から第5週.pptx
11_2月_第1週から第4週.pptx
12_3月_第1週から第4週.pptx
13_その他のスライド.pptx
quiz_list.pdf
read_me.pdf

■ご使用にあたって

CD-ROMが入った袋を開封しますと、以下の内容を了承したものと判断させていただきます。

【動作環境】

・Microsoft PowerPoint（拡張子が〜.pptx）のファイルを開くことができるソフトがインストールされていること。
・CD-ROMドライブ、またはそれ以上のCD-ROMの読み込みができるドライブ必須。
・pdfファイルが閲覧できるソフトウェアがインストールされていること。

【ご使用上の注意】

・OSやアプリケーションのバージョン、使用するフォントなどによって、レイアウトがくずれたり、うまく動作しなかったりする場合があります。ご使用している環境に合わせて修正してください。
・このCD-ROMはパソコン専用です。音楽用CDプレイヤー、DVDプレイヤー、ゲーム機等で使用しますと、機器に故障が発生するおそれがありますので、パソコン用の機器以外には入れないでください。
・CD-ROM内のデータ、あるいはプログラムによって引き起こされた問題や損失に対しては、弊社はいかなる補償もいたしません。本製品の製造上での欠陥につきましてはお取りかえいたしますが、それ以外の要求には応じられません。

※図書館での本の貸出にあたっては、付属のCD-ROMを図書館内で貸出できますが、館外への貸出はできません。
※CD-ROM内のデータの無断複製は禁止させていただきます。

4月

4月 April 第2週

4月第2週

月曜日

Monday

手洗いをきちんとしているのはどっち？

①Aさん

- 手を洗うのは食べる前だけ
- 石けんはさっとぬるだけ
- 手のひらだけさっと洗って、ふってかわかす

②Bさん

- 食べる前と後に両方洗う
- 石けんをよく泡立てる
- 指と指の間や手首も忘れずに洗い、ハンカチで拭く

4月第2週

火曜日

Tuesday

手についているウイルスは、石けんを使った丁寧な手洗いで、どのくらい減るかな？

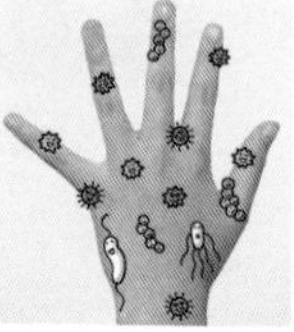

①約1/100
②約1/1万
③約1/100万

4月第2週

水曜日

Wednesday

給食当番の身支度がきちんとできているのはだれかな？

①Aさん

②Bさん

③Cさん

4月第2週

木曜日

Thursday

給食当番以外の人の過ごし方、どっちがいい？

①自分の席で静かに待つ

②走り回ったりおしゃべりをしたりする

4月第2週

金曜日

Friday

日本でいちばん多くたけのこをつくっているのはどこ？

①岩手県　②京都府　③福岡県

第2週　月曜日　Monday　　答え ②Bさん

答え　②Bさん

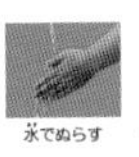

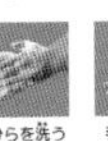
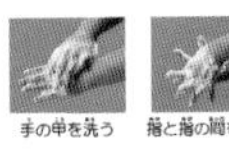
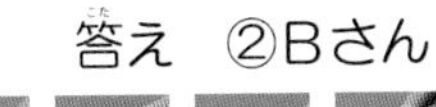

解説　手にはさまざまな菌やウイルスがついています。手を洗わずに目や鼻、口を触ると、菌やウイルスが体内に入って感染症などを引き起こすこともあります。手洗いは石けんをよく泡立てて、30秒くらいかけて丁寧に洗うことが大切です。きれいに洗ったら、清潔なタオルやハンカチで拭きましょう。

第2週　火曜日　Tuesday　　答え ③約1/100万

答え　③約1/100万

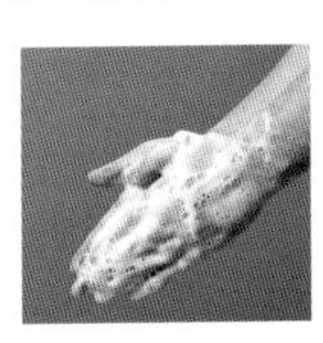

解説　手には目には見えない多くのウイルスや菌がついていて、目や口を触ったり、手で触った食べ物を通したりして、体内に入ってきます。手についたウイルスは、石けんで10秒もみ洗いをして、流水で15秒間すすぐことを2回繰り返すと、約1/100万に減らすことができます。

第2週　水曜日　Wednesday　　答え ③Cさん

答え　③Cさん

解説　給食当番の人は、石けんできれいに手を洗い、身支度をととのえます。白衣をきちんと着て、帽子(三角巾)の中に髪の毛を全部入れます。そして鼻と口が隠れるようにマスクをします。また、その日の体調を自分で確認して、発熱や腹痛、下痢がある場合は、先生にいって、当番をかわってもらいましょう。

第2週　木曜日　Thursday　　答え ①自分の席で静かに待つ

答え　①自分の席で静かに待つ

解説　給食時間になったら、給食当番以外の人も石けんできれいに手を洗います。食事にふさわしい環境をととのえて、自分の席で静かに待ちましょう。新型コロナウイルス感染症が流行している今は、黙食を行います。また、食事が終わったら、もう一度手を洗うようにします。

※「13_その他のスライド」には、マスクを着用していないイラストを収録しています。

第2週　金曜日　Friday　　答え ③福岡県

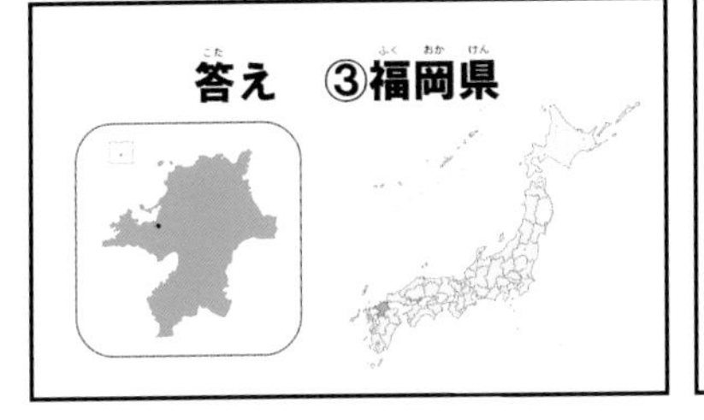

解説　福岡県は九州地方にあり、都道府県庁所在地は福岡市です。面積は約4,988km²です。令和2年の福岡県のたけのこの生産量は日本一で、約7,487トンです。たけのこ(孟宗竹の若芽)は春が旬で、香りや味で季節を感じられます。福岡県以外では鹿児島県や熊本県なども生産量が多いところです。

4月 April 第3週

4月第3週

月曜日

Monday

赤、黄、緑の食べ物が全部そろっているのは、どれかな？

① ② ③

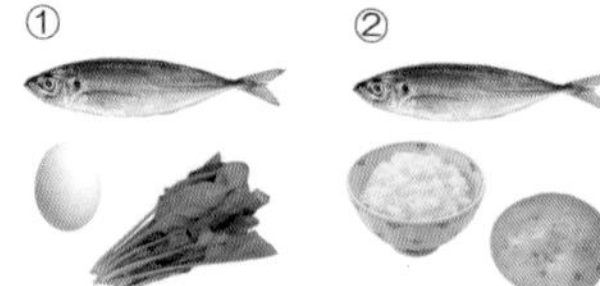

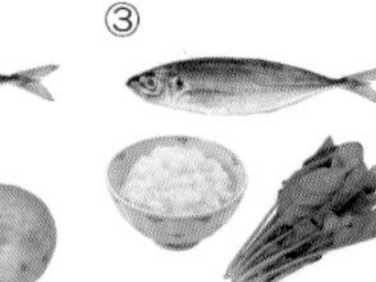

4月第3週

火曜日

Tuesday

正しい配膳はどれかな？

① ② ③

4月第3週

水曜日

Wednesday

雨後の

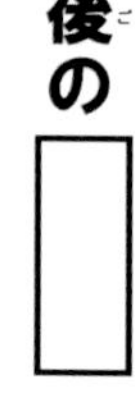

似たようなことが、次つぎと起こるようすのたとえです。□に入る言葉は何かな？

①たけのこ

②たまねぎ

③れんこん

4月第3週

木曜日

Thursday

どうして給食には、毎日牛乳が出てくるの？

①給食が始まった明治時代から出ているため

②成長期に大切なカルシウムなどの補給のため

4月第3週

金曜日

Friday

これは何の花？

①ほうれんそう

②さやえんどう

③きゅうり

第3週　月曜日　Monday　　答え ③

答え　③

解説 食べ物は体内での働きによって、大きく3つにわけられます。おもに体をつくる赤の食べ物は、魚や肉、卵などです。おもにエネルギーのもとになる黄の食べ物は、ごはんやパンなどです。おもに体の調子をととのえる緑の食べ物は、野菜や果物などです。赤、黄、緑の食べ物をバランスよく食べましょう。

第3週　火曜日　Tuesday　　答え ③

答え　③

解説 和食の配膳は、手前の左側にごはん茶わん、右側に汁物のわん、奥におかずの皿を置きます。はしは、はし先を左に向けて、いちばん手前に置きます。

　また、おかずに頭と尾がついた焼き魚などがある場合は、頭が左、腹が下にくるように置きます。

第3週　水曜日　Wednesday　　答え ①たけのこ（雨後のたけのこ）

答え　①たけのこ

雨後のたけのこ

解説 雨が降った後には、たけのこがたくさんはえることから、似たようなことが次つぎと起こるようすのたとえです。

　たけのこは漢字で「筍」と書きます。旬の字には十日でひとめぐりの意味があり、たけのこは芽を出してから、一旬（10日）くらいで竹になってしまうことからきています。

第3週　木曜日　Thursday　　答え ②成長期に大切なカルシウムなどの補給のため

答え　②成長期に大切なカルシウムなどの補給のため

解説 牛乳(200mL)には、成長期に大切なたんぱく質が約6.8g、カルシウムが約230mg含まれているほか、たんぱく質やビタミン類、脂質、炭水化物も含まれています。学校給食のない日には、カルシウムの摂取量が少なくなるというデータもあるので、学校給食に毎日出る牛乳をしっかり飲みましょう。

第3週　金曜日　Friday　　答え ②さやえんどう

答え　②さやえんどう

解説 さやえんどうは、マメ科エンドウ属の野菜です。品種によって違いがありますが、白や赤、ピンク、紫などの小さな花が咲きます。花が咲いてから15日くらいで収穫できます。

　さやえんどうは、カロテンやビタミンC、食物繊維などが含まれています。

4月 April 第4週

4月第4週

月曜日

Monday

わたしはだれでしょう？

①きゅうり　②レタス　③キャベツ

4月第4週

火曜日

Tuesday

この朝ごはんに足りないものは何かな？

①肉のおかず　②野菜のおかず　③足りないものはない

4月第4週

水曜日

Wednesday

これは何の花？

①マンゴー
②バナナ
③レモン

4月第4週

木曜日

Thursday

日本でいちばん多くいちごをつくっているのはどこ？

①栃木県　②福島県　③福岡県

4月第4週

金曜日

Friday

○×クイズ

うどんは小麦粉と塩と水だけでつくることができる

第4週 月曜日 Monday 答え ③キャベツ

答え ③キャベツ

解説 キャベツは、明治時代になって洋食が盛んになるにつれて、日本で広まっていきました。
　ビタミンCが豊富で生のまま食べると効果的にとることができます。また、胃腸によい働きをする成分が含まれているので、とんかつと一緒に食べることは理にかなっています。

第4週 火曜日 Tuesday 答え ②野菜のおかず

答え ②野菜のおかず

【野菜のおかず例】

解説 朝ごはんは、「食べる」だけではなく、「何を食べているか」も大切です。
　主食のごはんやパンなどに魚・肉・卵などのおかず(主菜)、野菜などのおかず(副菜)を加えて、バランスよく食べましょう。

第4週 水曜日 Wednesday 答え ②バナナ

答え ②バナナ

解説 バナナはバショウ科バショウ属の果物で、木ではなく同じ場所で何年も育つ草です。熱帯や亜熱帯などの地域で栽培されています。バナナには炭水化物が多く、手軽にエネルギー補給ができます。日本では甘い果物として食べられていますが、甘みが少ないバナナを調理して食べている国もあります。

第4週 木曜日 Thursday 答え ①栃木県

答え ①栃木県

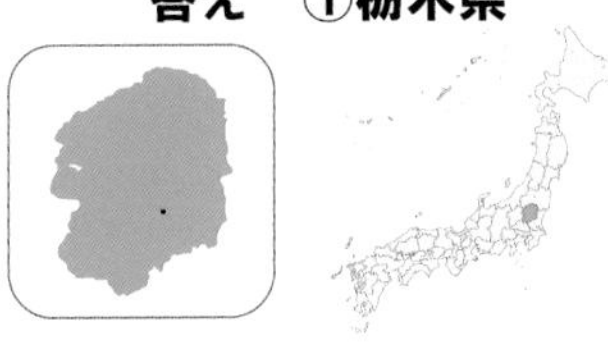

解説 栃木県は関東地方にあり、都道府県庁所在地は宇都宮市です。面積は約6,408km²です。令和2年の栃木県のいちごの収穫量は日本一で、22,700トンです。いちごは12月にいちばん多く出回っていますが、旬は春です。栃木県以外では、福岡県や熊本県も収穫量が多いところです。

第4週 金曜日 Friday 答え ○

答え ○

解説 うどんは、一般的には小麦粉に塩水を入れて練り合わせ、平面状に薄くのばして、細く切りわけてつくります。塩は小麦粉に含まれているグルテン(穀物に含まれるたんぱく質の一種)をより引き出し、強いこし(弾力や粘り)が生まれます。

4月 April 第5週

4月第5週

月曜日

Monday

日本がいちばん多くとり肉を輸入している国は？

①アメリカ　②スペイン　③ブラジル

4月第5週

火曜日

Tuesday

魚へんの漢字クイズです 何かわかるかな？

鰆

①いかなご　②さわら　③にしん

4月第5週

水曜日

Wednesday

一人当たり１年間に卵をどのくらい消費しているのかな？

①約140個　②約240個　③約340個

4月第5週

木曜日

Thursday

わたしはだれでしょう？

①にんじん　②たまねぎ　③だいこん

4月第5週

金曜日

Friday

□は三文の徳

□に入る言葉は何かな？

①早口　②早起き　③早食い

第５週　月曜日　Monday　　答え ③ブラジル

答え　③ブラジル

解説 2020年の貿易統計では、とり肉はブラジルからの輸入がいちばん多く、約396,970トンです。とり肉全体の日本への輸入量の約67.4%(金額ベース)を占めています。ブラジル(ブラジル連邦共和国)の首都はブラジリアです。面積は8,512,000km²で日本の約22.5倍です。

第５週　火曜日　Tuesday　　答え ②さわら

答え　②さわら

解説 さわらは、産卵のため、春に瀬戸内海に集まり、たくさんとれるため、漢字で魚へんに「春」と書きます。関東では、あぶらがのった冬のさわらの方が好まれているようです。さわらは、たんぱく質や脂質が多く含まれています。白身の魚で淡白な味が特徴。刺身、焼き魚などで食べられています。

第５週　水曜日　Wednesday　　答え ③約340個

答え　③約340個

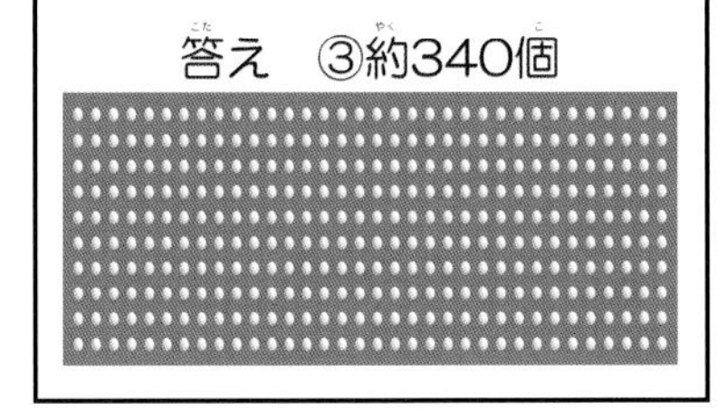

解説 2020年の鶏卵の消費量(概算値)は１年間に一人当たり17.1kgになっていて、個数にすると約340個になります。日本の卵の消費量は世界第２位です(１位はメキシコの380個)。ほぼ１日１個卵を食べていることになり、わたしたちの生活に欠かせない食品です。

第５週　木曜日　Thursday　　答え ②たまねぎ

答え　②たまねぎ

解説 たまねぎには、独特の刺激や辛み成分があります。加熱すると辛み成分がなくなっていくので、たまねぎ本来の甘みやうまみが感じられます。春に出回る新たまねぎは辛み成分が少ないため、生でもおいしく食べられます。たまねぎは野菜炒め、カレー、スープなど、いろいろな料理に使われています。

第５週　金曜日　Friday　　答え ②早起き（早起きは三文の徳）

解説 早起きをすれば何かしら得なことがあり、健康にもよいということ。電気がない時代は、社会全体が朝型生活でした。早起きは自然や生活のリズムに合っていて、「早起きの家に福来たる」などの早起きに関することわざがいろいろあります。「文」は江戸時代のお金の単位で、１文は１両の4000分の１でした。

４月のクイズ一覧

週	曜日	クイズ一覧	クイズ内容
第2週	月	手洗いをきちんとしているのはどっち？	手洗いの大切さ
	火	手についているウイルスは、石けんを使った丁寧な手洗いで、どのくらい減るかな？	手についたウイルスの数
	水	給食当番の身支度がきちんとできているのはだれかな？	給食当番の身支度
	木	給食当番以外の人の過ごし方、どっちがいい？	給食当番以外の人の過ごし方
	金	日本でいちばん多くたけのこをつくっているのはどこ？	たけのこの生産量　福岡県
第3週	月	赤、黄、緑の食べ物が全部そろっているのは、どれかな？	栄養バランス　赤・黄・緑
	火	正しい配膳はどれかな？	正しい配膳
	水	雨後の□ 似たようなことが、次つぎと起こるようすのたとえです。□に入る言葉は何かな？	ことわざ　雨後のたけのこ
	木	どうして給食には、毎日牛乳が出てくるの？	給食の牛乳
	金	これは何の花？	さやえんどう
第4週	月	わたしはだれでしょう？	キャベツ
	火	この朝ごはんに足りないものは何かな？	朝ごはん
	水	これは何の花？	バナナ
	木	日本でいちばん多くいちごをつくっているのはどこ？	いちごの収穫量　栃木県
	金	○×クイズ　うどんは小麦粉と塩と水だけでつくることができる	うどん
第5週	月	日本がいちばん多くとり肉を輸入している国は？	とり肉の輸入量　ブラジル
	火	魚へんの漢字クイズです　何かわかるかな？	さわら
	水	一人当たり１年間に卵をどのくらい消費しているのかな？	卵の消費量
	木	わたしはだれでしょう？	たまねぎ
	金	□は三文の徳　□に入る言葉は何かな？	ことわざ　早起きは三文の徳

5月

5月 May 第1週

5月

5月第1週

月曜日

Monday

わたしはだれでしょう？

①にんじん　②だいこん　③かぼちゃ

5月第1週

火曜日

Tuesday

さやをむくとふわふわの白い綿毛のようなものの中に、豆が入っています。この野菜は何かな？

①そらまめ　②さやいんげん　③さやえんどう

5月第1週

水曜日

Wednesday

グリンピースは、ある豆を若いうちに収穫したものです。ある豆とは、何かな？

①大豆　②いんげん豆　③えんどう豆

5月第1週

木曜日

Thursday

東京都江東区の深川あたりで郷土料理として食べられてきた「深川めし」。中に入っている貝は何？

①しじみ　②あさり　③ほたて

5月第1週

金曜日

Friday

5月5日は端午の節句です。この日によく食べられているものは何かな？

①ひしもち　ひなあられ
②そうめん
③ちまき　かしわもち

第1週 月曜日 Monday　　答え ①にんじん

答え　①にんじん

解説 にんじんは土の中で育つ根をおもに食べる根菜で、体の中でビタミンAに変化するカロテンがたくさん含まれている緑黄色野菜です。よく食べられているにんじんはオレンジ色ですが、金時にんじんなどの赤い色のものや、白、紫など、さまざまな色のにんじんもあります。

第1週 火曜日 Tuesday　　答え ①そらまめ

答え
①そらまめ

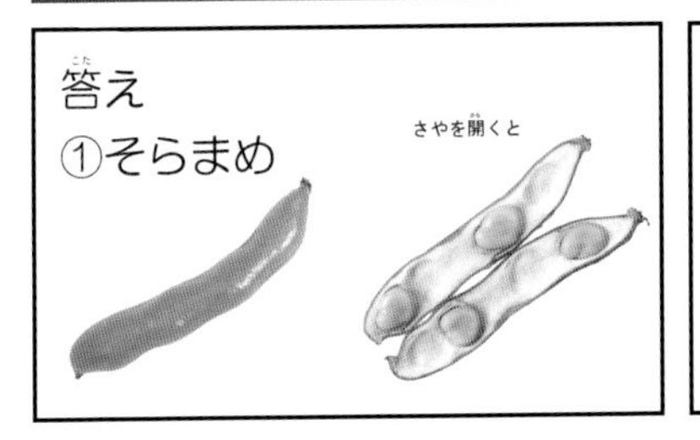

解説 そらまめの、さやの中の白いふわふわの部分は、さやのいちばん内側の内果皮で、豆を守っています。豆の脇にある芽と根が出てくるところが、やわらかくて緑色をしていると新鮮です。鮮度が落ちてくると黒くなってきます。旬にしか味わえない香りや味を楽しみましょう。

第1週 水曜日 Wednesday　　答え ③えんどう豆

答え
③えんどう豆

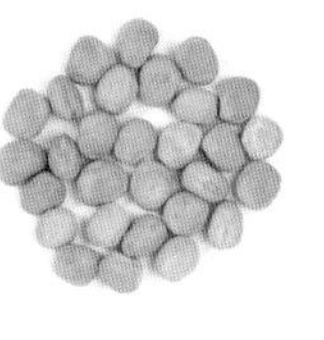

解説 グリンピースはえんどう豆を熟さないうちに収穫したものです。さやえんどうもスナップえんどうも、えんどう豆の仲間です。グリンピースは、炭水化物やビタミン類が含まれていて食物繊維が豊富です。生のグリンピースは、旬の今が緑色も鮮やかで、味や香りもよく、豆ごはんなどで食べられます。

第1週 木曜日 Thursday　　答え ②あさり

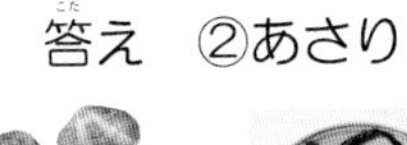

答え　②あさり

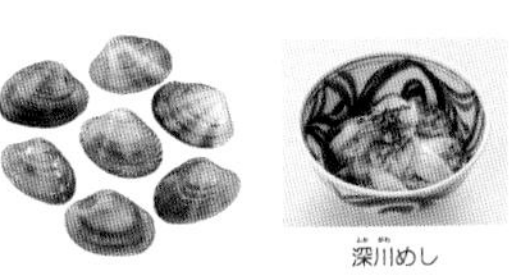

深川めし

解説 深川地域(現在の東京都江東区)が海だった頃、あさりがたくさんとれていました。深川地域の漁師さんたちが仕事の合間に食べていたものが「深川めし」のルーツといわれています。深川めしは、あさりとねぎを煮て、汁ごとごはんの上にかけるものと、炊き込みごはんにしたものとの両方があります。

第1週 金曜日 Friday　　答え ③ちまき　かしわもち

答え　③ちまき　かしわもち

解説 端午の節句には菖蒲湯に入ったり、ちまきやかしわもちを食べたりします。ちまきは大昔に中国から伝わってきました。かしわの葉は新しい葉が出るまで古い葉が落ちないことから、家系が絶えず子孫繁栄するようにとの願いが込められています。また、地域によっては、サンキライなどの葉が使われています。

5月 May 第2週

5月第2週

月曜日

Monday

これは学力調査の結果と朝ごはんを食べたかどうかをあらわしたグラフです。
何がわかりますか？

(%)

	A	B	C	D
国語	66.2	58.8	53.7	51.0
算数	71.6	64.7	59.3	56.9

A 毎日食べている
B どちらかといえば、毎日食べている
C あまり食べていない
D まったく食べていない

出典 文部科学省「令和3年度全国学力・学習状況調査」

①毎日食べている人の方が学力が高い
②毎日食べている人の方が学力が低い
③朝ごはんを食べたかどうかと学力には関係はない

5月第2週

火曜日

Tuesday

日本でいちばん多くそらまめをつくっているのはどこ？

①愛知県　②広島県　③鹿児島県

5月第2週

水曜日

Wednesday

魚へんの漢字クイズです
何かわかるかな？

①ひらめ　②すずき　③あじ

5月第2週

木曜日

Thursday

いちごの種はどこにあるの？

①果肉の中　②外側　③種はない

5月第2週

金曜日

Friday

次のうち、ポルトガル語が名前の由来といわれている食べ物はどれかな？

①パン　②オムレツ　③ハンバーグ

第２週　月曜日　Monday　　答え ①毎日食べている人の方が学力が高い

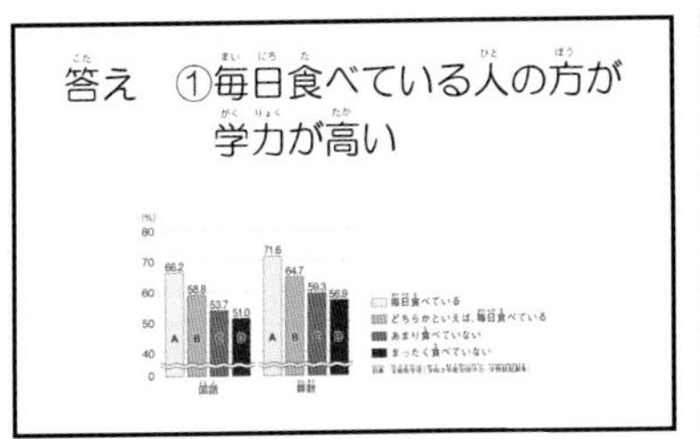

解説　文部科学省の「全国学力・学習状況調査」によると、朝ごはんを毎日食べている人は、食べていない人にくらべて、学力テストの平均正答率が高いという調査結果があります。

朝ごはんは、午前中のエネルギー源となり、脳にもエネルギーを補給して集中力をアップさせるなどの大切な働きがあります。

※「13_その他のスライド」には、中学校版のスライドを収録しています。

第２週　火曜日　Tuesday　　答え ③鹿児島県

解説　鹿児島県は九州地方にあり都道府県庁所在地は鹿児島市です。面積は約9,186km²です。令和２年の鹿児島県のそらまめの収穫量は日本一で、3,530トンです。そらまめは空に向かってさやがなるからこの名前がついたといいますが、熟すと下がります。鹿児島県以外では、千葉県も収穫量が多いところです。

第２週　水曜日　Wednesday　　答え ③あじ

答え　③あじ

解説　あじは漢字で、魚へんに「参」と書きますが、これは旧暦の３月頃がおいしいからという説があります。

あじは、たんぱく質やカルシウムが豊富です。刺身やすし、焼き魚、煮物、フライなど、さまざまな料理で食べられていて、干物などにも多く加工されています。

第２週　木曜日　Thursday　　答え ②外側

答え
②外側

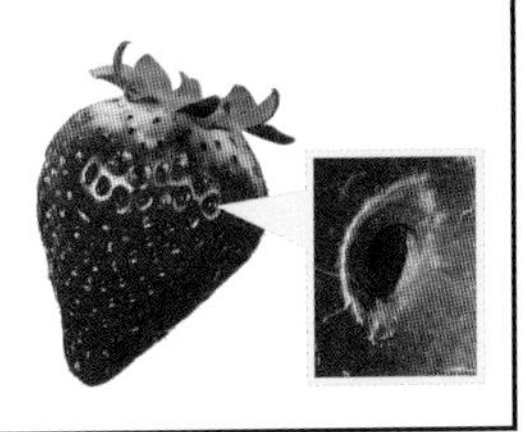

解説　いちごの表面にあるつぶつぶの一つひとつは果実です。この小さな果実の中に種が入っています。実際に食べている部分は、「花托」といってめしべが生える土台の部分が成長したものです。いちごはビタミンCが多く含まれています。５～６月頃が旬です。

第２週　金曜日　Friday　　答え ①パン

答え　①パン

解説　パンはポルトガル語のpaoに由来するといわれています。パンが日本に伝えられたのは、戦国時代に漂着したポルトガル船からといわれています。パンの歴史は古く、6000年～8000年前にはつくられていたといわれています。古代ローマの遺跡からは、パン屋と共にパンも発見されています。

5月 May 第３週

5月第３週 月曜日 Monday

日本でいちばん多くかつおをとっているのはどこ？

①静岡県　②山口県　③高知県

5月第３週 火曜日 Tuesday

この中でいちばんカルシウムが多い食べ物はどれかな？

①しらす干し（10g）　②こまつな（100g）　③牛乳（200mL）

5月第３週 水曜日 Wednesday

○×クイズ

アスパラガスは、収穫した年だけではなく、次の年も生えてくる

5月第３週 木曜日 Thursday

このグラフは、健康に関係するあるものをあらわしています。何でしょうか？

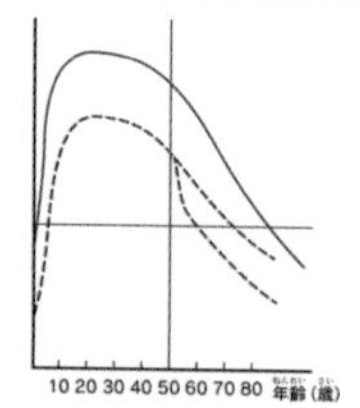

①骨の量　②体重　③睡眠時間

5月第３週 金曜日 Friday

どうしてグレープフルーツ（grapefruit・ぶどう果物）という名前がついたの？

①昔はぶどうのような味だったから　②ぶどうのように実がなるから　③ぶどうジュースの原料になるから

第3週　月曜日　Monday　　答え ①静岡県

答え　①静岡県

解説 静岡県は中部地方にあり、都道府県庁所在地は静岡市です。面積は約7,777km²です。令和２年の静岡県のかつおの漁獲量は日本一で、58,882トンです。かつおは、広い海を泳ぎ回る回遊魚でたんぱく質や鉄などが豊富です。静岡県以外では、東京都や高知県も漁獲量が多いところです。

第3週　火曜日　Tuesday　　答え ③牛乳（200mL）

答え　③牛乳（200mL）

解説 しらす干し10gには約52mg、こまつな100gには約170mg、牛乳200mLには約230mgのカルシウムが含まれています。カルシウムは、牛乳やヨーグルトなどの乳製品、小魚、青菜などに多く含まれています。成長期に大切なカルシウムをいろいろな食品からとるようにしましょう。

第3週　水曜日　Wednesday　　答え ○

答え　○

解説 アスパラガスは茎を食べる野菜です。地下にたくさんの根があり、収穫が終わっても、根に蓄えた養分から翌年にまた生えてきて、10年くらいは収穫できるといいます。野菜の中では珍しい多年草です。アスパラガスには、アスパラギン酸という疲労回復に役立つ成分が多く含まれています。

第3週　木曜日　Thursday　　答え ①骨の量

答え　①骨の量

解説 骨には、常に古い骨を壊して（破骨細胞）、新しい骨をつくる（骨芽細胞）働きがあり、体内のカルシウムの約99％は骨や歯にあります。骨の量がいちばん多いのは20歳頃で、40～50歳頃から少なくなります。子どものうちから、しっかりカルシウムをとり、丈夫な骨をたくさんつくっておくことが大切です。

※「13_その他のスライド」には、ルビなし（グラフなど）のスライドを収録しています。

第3週　金曜日　Friday　　答え ②ぶどうのように実がなるから

答え
②ぶどうの
ように実が
なるから

解説 グレープフルーツは西インドあたりが原産地といわれていて、一つの枝に房状にいくつもの果実がなり、ぶどうのように見えるのが名前の由来です。ビタミンCが多く含まれ、クエン酸なども含まれています。生で食べるほかにジュースやマーマレードなどにも加工されています。

5月 May 第4週

5月第4週

月曜日

Monday

正しいはしの持ち方は、どれかな？

①

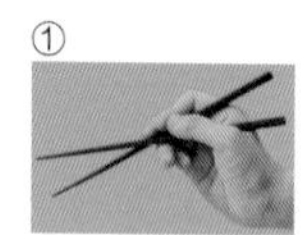

②

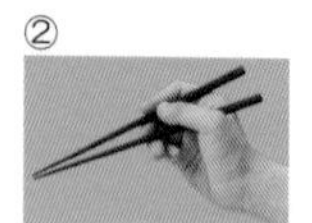

③

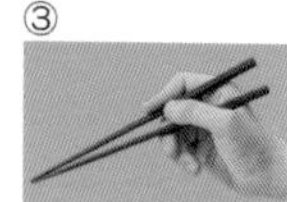

5月第4週

火曜日

Tuesday

明治時代の書籍『西洋料理指南』に出ているカレーのつくり方には、にわとり、えび、たいなどに加え、ある動物の肉が材料に入っています。何でしょう？

①かたつむり

②かえる

③へび

5月第4週

水曜日

Wednesday

これは何の花？

①小豆
②小麦
③茶

5月第4週

木曜日

Thursday

遠足の時のお弁当の時間です。食物アレルギーのある友だちがいたら、してはいけないことはどっち？

①手を洗った後のハンカチの貸し借り　②お弁当のおかずの交換

5月第4週

金曜日

Friday

わたしはだれでしょう？

①レタス　②キャベツ　③みずな

第４週 月曜日 Monday　　答え ②

答え　②

解説 はしを正しく持って使うと、さまざまな食べ物をスムーズに口に運ぶことができて、食事中の姿も美しくなります。上のはしは、親指、人差し指、中指でえんぴつを持つようにして持ちます。下のはしは、薬指の先に置き、親指のつけ根で支えます。力は入れずに、上のはしだけを動かすようにして使います。

第４週 火曜日 Tuesday　　答え ②かえる

答え　②かえる

解説 明治時代に書かれた書籍『西洋料理指南』には、さまざまな西洋料理のつくり方が出ています。カレーの製法としては、ねぎ、しょうが、にんにくなどの食材と共に「鶏海老鯛蠣赤蛙等ノモノヲ入テ」と書かれています。ほかには、カレー粉、小麦粉、塩などもあり、当時のカレーのつくり方がよくわかります。

第４週 水曜日 Wednesday　　答え ③茶

答え　③茶

解説 茶はチャの葉を摘んで加工したものです。ツバキ科ツバキ属なので、花はツバキに似ています。立春から88日目の八十八夜の頃が茶摘みの季節です。地域によっても違いますが、４月下旬頃から一番茶の収穫が始まります。茶には抗酸化作用があるカテキンが豊富で、緑茶にはビタミンＣも含まれます。

第４週 木曜日 Thursday　　答え ②お弁当のおかずの交換

答え　②お弁当のおかずの交換

解説 食物アレルギーとは、特定の食べ物を食べた時に、体がかゆくなったり腫れたり、息が苦しくなったりする症状が出ることです。重い症状の場合は、命にかかわることもあります。遠足などでお弁当を食べる時に、アレルギーのある友だちとは、お弁当のおかずの交換などは、決してしないようにします。

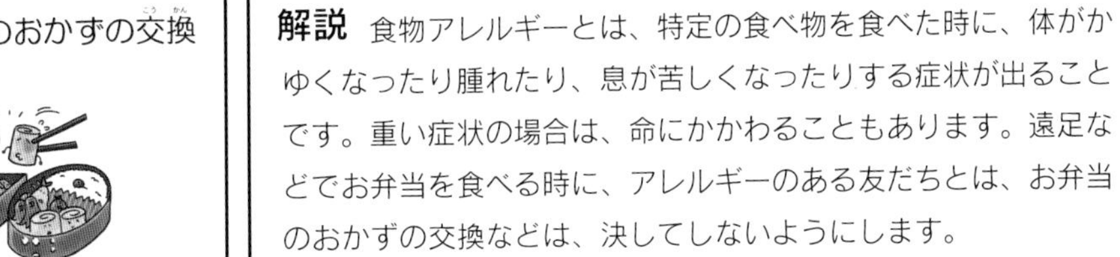
※①のハンカチの貸し借りについても、衛生面からはなるべく行わないようにしましょう。

第４週 金曜日 Friday　　答え ①レタス

答え　①レタス

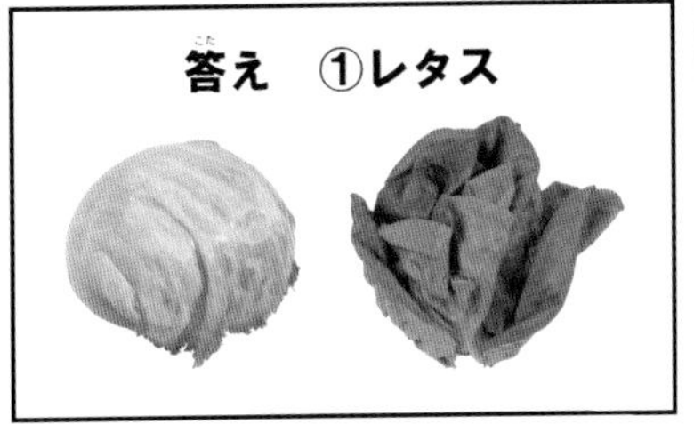

解説 レタスは葉を食べる野菜で、生のままサラダなどで食べるだけではなく、炒め物やスープなどでもおいしく食べられます。レタスは種類によって含まれるカロテン量が違います。色が薄く丸い球になるレタスは淡色野菜に、サラダ菜やリーフレタス、サンチュなどはカロテン量が多いので、緑黄色野菜になります。

5月 May 第5週

5月第5週

月曜日

Monday

日本がいちばん多く小麦を輸入している国は？

①中国　②アメリカ　③カナダ

5月第5週

火曜日

Tuesday

たこといかの足（腕）、正しい本数の組み合わせはどれ？

①たこが10本　いかが8本
②たこが8本　いかが10本
③たこが10本　いかが10本

5月第5週

水曜日

Wednesday

わたしはだれでしょう？

①うどん　②豆腐　③ヨーグルト

5月第5週

木曜日

Thursday

日本で1年間に出るごみの量は、一人当たりどのくらいになるのかな？

①約100kg
②約200kg
③約300kg

5月第5週

金曜日

Friday

日本で、食べられるのに捨てられている食べ物の量は1年間にどのくらい？

①東京ドーム約1杯分
②東京ドーム約3杯分
③東京ドーム約5杯分

第５週　月曜日　Monday　　答え ②アメリカ

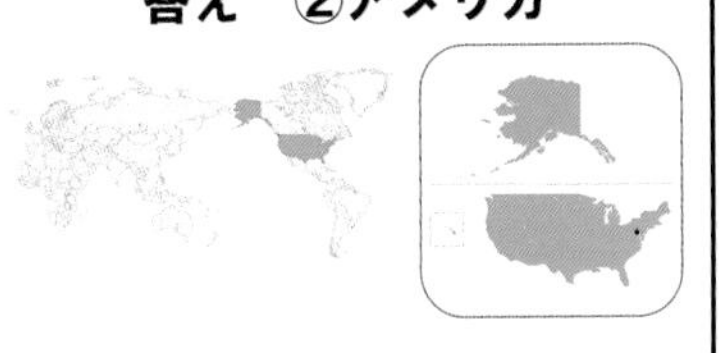

解説　2020年の貿易統計では、小麦はアメリカからの輸入がいちばん多く、2,631,580トンです。小麦全体の日本への輸入量の約46.9%（金額ベース）を占めています。アメリカ（アメリカ合衆国）の首都はワシントンD.C.です。面積は9,628,000km²で日本の約25倍です。

第５週　火曜日　Tuesday　　答え ②たこが８本　いかが10本

答え　②たこが８本
いかが10本

解説　たこは足（腕）が８本、いかは足（腕）が10本といわれています。一般的に足と呼ばれている部分は腕です。いかは８本の腕と２本の長い触腕があり、たこは８本の腕があります。どちらも、腕の吸盤を使って獲物を捕らえて、腕のつけ根にある口に運んで食べます。

第５週　水曜日　Wednesday　　答え ③ヨーグルト

答え　③ヨーグルト

解説　ヨーグルトは乳製品で、乳酸菌などの体によい働きをする菌がたくさん含まれています。人間の腸内での微生物のバランスを改善する「プロバイオティクス」の働きがあり、わたしたちの健康に役立っています。また、成長期に大切なカルシウムが豊富で、たんぱく質も含まれています。

第５週　木曜日　Thursday　　答え ③約300kg

答え　③約300kg

解説　2019年度の調査では、一人１日当たりのごみの排出量は、918gでした。これを１年間に当てはめてみると、約335kgになります。ごみが増えると、ごみを処理するためのエネルギーも多く使うことになり、処分する場所がいっぱいになってしまいます。一人ひとりがごみを減らしていくことが大切です。

第５週　金曜日　Friday　　答え ③東京ドーム約５杯分

答え　③東京ドーム約５杯分

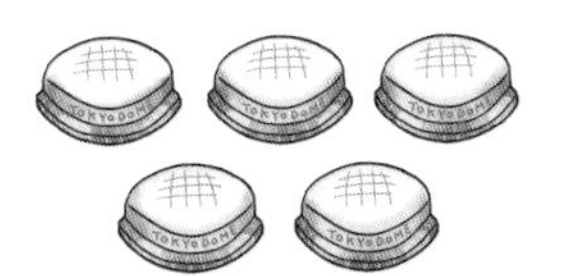

解説　2019年度の食品ロス量（食べられるのに捨てられている食品の量）は、570万トンです。これは、東京ドーム約５杯分で、一人当たり、１年間に約45kgの食べ物を捨てていることになります。家庭から出る食品ロスは、食べ残しや賞味期限切れなどで食べずに捨てられてしまっている食品です。

5月のクイズ一覧

週	曜日	クイズ一覧	クイズ内容
第1週	月	わたしはだれでしょう？	にんじん
	火	さやをむくとふわふわの白い綿毛のようなものの中に、豆が入っています。この野菜は何かな？	そらまめ
	水	グリンピースは、ある豆を若いうちに収穫したものです。ある豆とは、何かな？	えんどう豆
	木	東京都江東区の深川あたりで郷土料理として食べられてきた「深川めし」。中に入っている貝は何？	郷土料理　深川めし
	金	5月5日は端午の節句です。この日によく食べられているものは何かな？	行事食　ちまき　かしわもち
第2週	月	これは学力調査の結果と朝ごはんを食べたかどうかをあらわしたグラフです。何がわかりますか？	朝ごはんと学力
	火	日本でいちばん多くそらまめをつくっているのはどこ？	そらまめの収穫量　鹿児島県
	水	魚へんの漢字クイズです　何かわかるかな？	あじ
	木	いちごの種はどこにあるの？	いちごの種
	金	次のうち、ポルトガル語が名前の由来といわれている食べ物はどれかな？	パンの歴史
第3週	月	日本でいちばん多くかつおをとっているのはどこ？	かつおの漁獲量　静岡県
	火	この中でいちばんカルシウムが多い食べ物はどれかな？	カルシウムが多い食べ物
	水	○×クイズ　アスパラガスは、収穫した年だけではなく、次の年も生えてくる	アスパラガス
	木	このグラフは、健康に関係するあるものをあらわしています。何でしょうか？	骨の量の変化
	金	どうしてグレープフルーツ（grapefruit・ぶどう果物）という名前がついたの？	グレープフルーツ
第4週	月	正しいはしの持ち方は、どれかな？	はしの持ち方
	火	明治時代の書籍『西洋料理指南』に出ているカレーのつくり方には、にわとり、えび、たいなどに加え、ある動物の肉が材料に入っています。何でしょう？	『西洋料理指南』のカレー
	水	これは何の花？	茶
	木	遠足の時のお弁当の時間です。食物アレルギーのある友だちがいたら、してはいけないことはどっち？	食物アレルギー
	金	わたしはだれでしょう？	レタス
第5週	月	日本がいちばん多く小麦を輸入している国は？	小麦の輸入量　アメリカ
	火	たこといかの足（腕）、正しい本数の組み合わせはどれ？	たこといかの足の数
	水	わたしはだれでしょう？	ヨーグルト
	木	日本で1年間に出るごみの量は、一人当たりどのくらいになるのかな？	ごみの量
	金	日本で、食べられるのに捨てられている食べ物の量は1年間にどのくらい？	食品ロス量

6月

6月 June 第1週

6月第1週

月曜日
Monday

1kgの食料をつくるために、次のうちいちばん多く水が必要なのはどれかな？

①うどん　②牛肉　③じゃがいも

6月第1週

火曜日
Tuesday

日本でいちばん多くトマトをつくっているのはどこ？

①宮城県　②和歌山県　③熊本県

6月第1週

水曜日
Wednesday

これは何の花？

①じゃがいも
②なす
③たまねぎ

6月第1週

木曜日
Thursday

世界でいちばん多くバナナをつくっているのはどこ？

①インド　②フィリピン　③中国

6月第1週

金曜日
Friday

わたしはだれでしょう？

①ししとう　②ピーマン　③きゅうり

第１週　月曜日　Monday　　答え ②牛肉

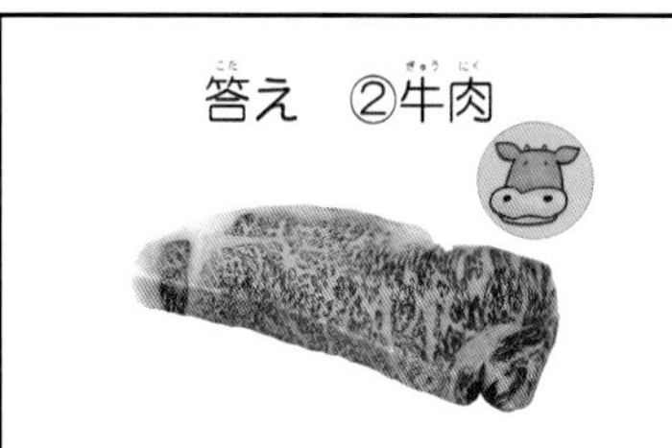

解説 牛肉を生産するためには、飼料となる穀物などがたくさん必要です。例えば、１kgのとうもろこしを生産するには、約1800Lの水が必要で、牛肉の場合は餌となる飼料も含めて約２万Lもの水が必要といわれています。うどんは約1600L、じゃがいもは約185Lです。

第１週　火曜日　Tuesday　　答え ③熊本県

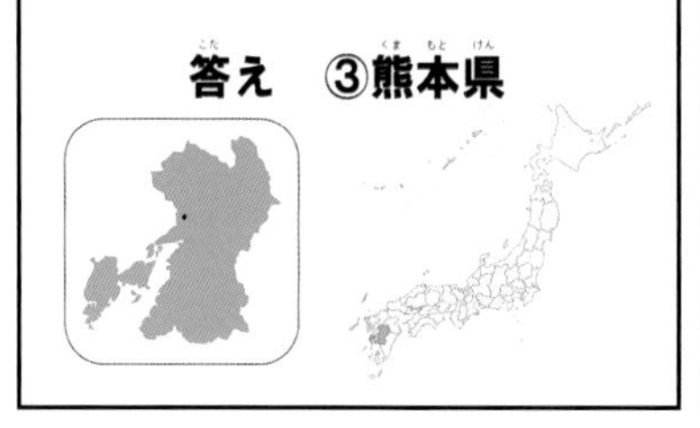

解説 熊本県は九州地方にあり、都道府県庁所在地は熊本市です。面積は約7,409km²です。令和２年の熊本県のトマトの収穫量は日本一で、135,300トンです。トマトは夏が旬の野菜で、赤い色の成分には抗酸化作用があります。熊本県以外では、北海道や愛知県も収穫量が多いところです。

第１週　水曜日　Wednesday　　答え ①じゃがいも

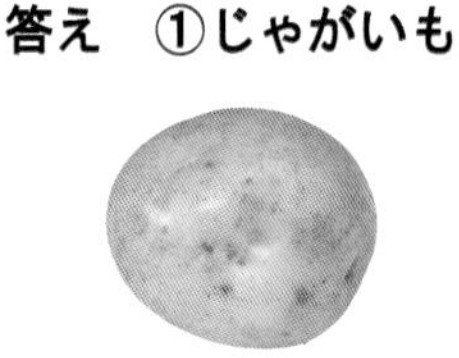

解説 じゃがいもは、ナス科ナス属のいもです。品種によっても違いがありますが、花の色は薄紫や赤紫、白などです。日本には江戸時代、インドネシアのジャワ島から船で運ばれてきたため「ジャガタラいも」と呼ばれていたといいます。じゃがいもは炭水化物やビタミンC、食物繊維が豊富です。

第１週　木曜日　Thursday　　答え ①インド

解説 2019年に世界でいちばんバナナを生産した国はインドで、約30,460,000トンです。ただし、日本へのバナナの輸出がいちばん多い国はフィリピンです。インド（インド共和国）の首都はニューデリーです。面積は3,287,469km²で日本の約10倍です。

第１週　金曜日　Friday　　答え ②ピーマン

解説 ピーマンは、とうがらしの仲間で辛みのない大きい果実のことをいいます。緑色が多く売られていますが、赤や黄色などのピーマンもあります。緑色のピーマンは赤や黄色になる前の未熟な果実なので、独特の香りや苦みがあります。ピーマンはビタミンCが豊富で、赤や黄色のものにはカロテンも多く含まれます。

6月 June 第2週

6月第2週	
月曜日 Monday	体によい食べ方をしているのはどっち？

①Aさん
- よくかんで食べている
- かたくてかみごたえのある食べ物が好き

②Bさん
- いつも早食いをする
- 甘い飲み物ややわらかい食べ物が好き

6月第2週	
火曜日 Tuesday	あゆはある野菜のような香りがします。何の野菜の香りかな？

①トマト　②きゅうり　③なす

6月第2週	
水曜日 Wednesday	この中でいちばんかみごたえのある食べ物はどれかな？

①とり肉（もも）のソテー　②フランスパン　③するめ

6月第2週	
木曜日 Thursday	本当のことをいっているのはどっち？ トマトは

本当のことをいっているのはどっち？

トマトは

①ねこ　②いぬ

6月第2週	
金曜日 Friday	和食とファストフード かむ回数が多いのはどっち？

①和食

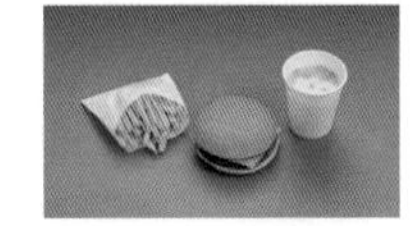

②ファストフード

第２週　月曜日　Monday　　答え ①Aさん

答え　①Aさん

かむことの効果
- 唾液がたくさん出てのみ込みやすくなり、味もよくわかる

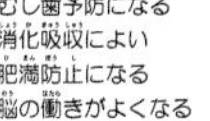

解説　よくかんで食べると体によいことがたくさんあります。まず、唾液がたくさん出て食べ物の味がよくわかるようになり、のみ込みやすく消化吸収もよくなります。そして唾液が口の中を酸性から元の状態に戻し、むし歯予防にも役立ちます。その上、よくかむことで集中力が増したり肥満防止になったりします。

6月

第２週　火曜日　Tuesday　　答え ②きゅうり

答え　②きゅうり

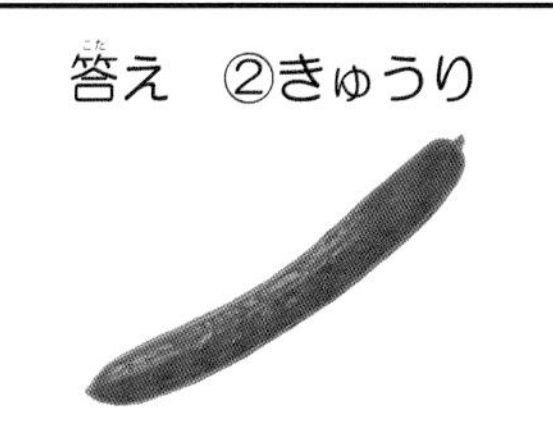

解説　あゆは、昔から日本で食べられてきた川魚で、天然のあゆは、きゅうりやすいかなどに似ている香りがします。鵜飼と呼ばれる、鵜という鳥を使った漁法が有名で、岐阜県の長良川など、各地の川で行われています。あゆは、塩焼きや煮物、揚げ物など、さまざまな料理で味わえます。

第２週　水曜日　Wednesday　　答え ③するめ

答え　③するめ

解説　とり肉（もも）のソテー、フランスパン、するめは、どれもかみごたえのある食べ物です。特にするめは、かみごたえがあります。よくかむと集中力が増したりむし歯予防になったり、体によいことがたくさんあるので、毎日の食事や間食などに、かみごたえのある食べ物をたくさん取り入れてみましょう。

第２週　木曜日　Thursday　　答え ①ねこ

答え　①ねこ

トマトの赤い色には栄養成分があるよ

解説　トマトの赤い色素は、リコピン（リコペン）という成分です。リコピンは抗酸化作用があり、がんなどの病気を防ぐ働きをします。また、ビタミンＣやカロテンも含まれています。

　トマトにはグルタミン酸といううまみ成分も多く含まれているので、スープや煮込み料理などでも、そのおいしさを味わえます。

第２週　金曜日　Friday　　答え ①和食

答え　①和食

解説　一食あたり約600kcalのファストフードと和食のかむ回数を調べたところ、ファストフードは562回、和食は1019回でした。和食は、かみごたえのある食品が多く使われていますが、ファストフードは加工されたものや油が多く使われています。

　自分の食生活をふり返ってみましょう。

6月 June 第３週

6月第３週 月曜日 Monday

食中毒の予防で大切な菌を「つけない」「増やさない」「やっつける」。「つけない」のはどれかな？

①加熱する

②手洗い

③冷蔵庫に入れる

6月第３週 火曜日 Tuesday

わたしはだれでしょう？

おせち料理の田づくりは、この魚を材料にしているよ

包丁だけではなく、手で開くことができるよ

①いわし　②ぶり　③さけ

6月第３週 水曜日 Wednesday

はしの使い方がきちんとできているのはだれかな？

①Aさん

②Bさん

③Cさん

6月第３週 木曜日 Thursday

半分に切ってみたよ！

何の野菜かな？

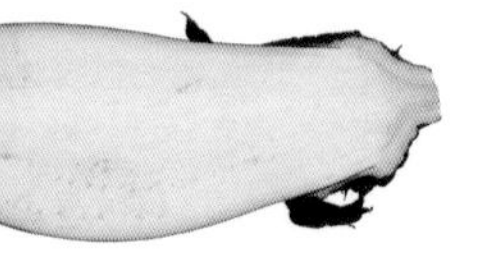

①きゅうり　②なす　③ズッキーニ

6月第３週 金曜日 Friday

日本でいちばん多くさくらんぼをつくっているのはどこ？

①山形県　②長野県　③宮崎県

第3週　月曜日　Monday　　答え ②手洗い

答え　②手洗い

解説 食中毒予防の3つのポイントは、菌を「つけない」「増やさない」「やっつける」です。まずは、石けんを使った丁寧な手洗いで、食中毒菌をつけないようにしましょう。

6月

第3週　火曜日　Tuesday　　答え ①いわし

答え　①いわし

解説 いわしは、漁獲量がとても多い魚で、刺身や塩焼き、揚げ物、煮物など、さまざまな料理で食べられています。体によい働きをする脂質も多く含まれていて、中性脂肪を下げたり血液をさらさらにしたりする効果があります。小魚はしらす干しやおせち料理の田づくりの材料になります。

第3週　水曜日　Wednesday　　答え ①Aさん

答え　①Aさん

解説 やってはいけないはしの使い方を「きらいばし」や「忌みばし」といいます。例えば、はし先を使って器を手前に寄せる「寄せばし」(Bさん)、はしをおかずに刺して食べる「刺しばし」(Cさん)などがあります。きらいばしは一緒に食事をする人に不快な思いをさせてしまうので、気をつけましょう。

第3週　木曜日　Thursday　　答え ②なす

答え
②なす

解説 なすは、露地栽培のものが6月から10月頃まで出回り、夏や秋においしい野菜です。なすの紫色はナスニンというポリフェノールの一種で、病気を防ぐ働きをします。淡白な味で、ほかの食材のうまみを吸収しやすい特徴があります。日本各地にさまざまな品種があり、色や形も違います。

第3週　金曜日　Friday　　答え ①山形県

答え　①山形県

解説 山形県は東北地方にあり、都道府県庁所在地は山形市です。面積は約9,323km²です。令和2年の山形県のさくらんぼの収穫量は日本一で13,000トン。約76％が山形産です。さくらんぼは「桜桃」とも呼ばれ、6月にいちばん多く出回ります。山形県以外では、北海道や山梨県などでも収穫されています。

6月 June 第4週

6月第4週

月曜日

Monday

日本でいちばん初めに食育という言葉を使った人はだれでしょう？

①石塚左玄　②森鷗外　③夏目漱石

6月第4週

火曜日

Tuesday

赤い梅干しは、何で色をつけているのかな？

①紫キャベツ　②赤しそ　③赤ピーマン

6月第4週

水曜日

Wednesday

魚へんの漢字クイズです何かわかるかな？

①いわし　②あゆ　③たい

6月第4週

木曜日

Thursday

日本でいちばん多くびわをつくっているのはどこ？

①神奈川県　②長崎県　③岡山県

6月第4週

金曜日

Friday

この中でいちばんたんぱく質が多い食べ物はどれかな？

①とり肉・ささみ（100g）　②チーズ（100g）　③あじ（100g）

第４週　月曜日　Monday　　答え ①石塚左玄

答え　①石塚左玄

解説　6月は食育月間です。

石塚左玄は福井県の福井市に生まれた人で、医師と薬剤師の資格を持ち、陸軍薬剤監として活躍していました。明治29年に『化学的食養長寿論』という書籍を出し、「食育」の重要性を日本で初めて提唱したといわれています。

第４週　火曜日　Tuesday　　答え ②赤しそ

解説　梅干しは、大昔から健康によいと食べられてきました。梅干しは、まず梅の実を塩漬けにします。数日たつと液体（梅酢）が出て浸るようになります。しばらく漬けた後、塩でもんでしぼった赤しそを入れると、きれいな赤い色になります。その後、土用干し（夏の土用の時期に日光に干す）をして完成です。

第４週　水曜日　Wednesday　　答え ①いわし

答え　①いわし

解説　いわしは魚へんに「弱」と書きますが、これは、ほかの魚に食べられやすく、水からあげるとすぐに弱るから、「弱し」が変化したといわれています。いわしは、たんぱく質や脂質、カルシウム、鉄が多く含まれています。さまざまな料理で食べられていて、しらす干しなどの加工品にもなっています。

第４週　木曜日　Thursday　　答え ②長崎県

答え　②長崎県

解説　長崎県は九州地方にあり、都道府県庁所在地は長崎市です。面積は約4,131km²です。令和２年の長崎県のびわの収穫量は日本一で、654トンです。びわは楽器の琵琶に形が似ているから名づけられたといわれています。長崎県以外では、千葉県や鹿児島県も収穫量が多いところです。

第４週　金曜日　Friday　　答え ①②③ほぼ同じ

答え　①②③ほぼ同じ

解説　たんぱく質は五大栄養素の一つで、成長期のみなさんにとって、とても大切です。筋肉をつくるほかに、皮膚や臓器、血をつくるもとになります。とり肉のささみ、チーズ、あじはたんぱく質が多い食品で、100gには約20gも含まれています。ほかには、卵や牛乳、豆腐、納豆などにも多く含まれています。

6月 June 第5週

6月第5週

月曜日

Monday

漢字で「西瓜」と書き、英語ではwatermelonという食べ物は何？

①すいか　②きゅうり　③なす

6月第5週

火曜日

Tuesday

三重県にある〇〇神宮に参詣した「お〇〇参り」。江戸時代から食べられているこの名前がついたうどんは何かな？

①讃岐うどん　②稲庭うどん　③伊勢うどん

6月第5週

水曜日

Wednesday

これは何の花？

①にんじん
②ピーマン
③トマト

6月第5週

木曜日

Thursday

どうしてあじという名前なの？

①味がおいしいから

②阿路という海でたくさんとれたから

③アジアを代表する魚だから

6月第5週

金曜日

Friday

日本でいちばん多くらっきょうをつくっているのはどこ？

①青森県　②鳥取県　③徳島県

第5週 月曜日 Monday　　答え ①すいか

答え　①すいか

解説 すいかは熱帯アフリカの原産です。すいかには、カロテンやリコピンという体によい成分が含まれています。「西瓜」と書くのは、中国の西の方から伝わった瓜だからという説があります。英語のwatermelonは、水分の多い瓜という意味です。ウリ科の食べ物は きゅうりやかぼちゃ、メロンなどがあります。

第5週 火曜日 Tuesday　　答え ③伊勢うどん

答え　③伊勢うどん

解説 三重県にある伊勢神宮（神宮）は、古くから多くの参拝客が訪れていました。伊勢地域では、昔からこしのない太いうどん（素うどん）に濃いたれをからめて食べていました。江戸時代になると、多くの参拝客がいつでも食べられるようにうどん店ができて、その後、伊勢うどんと呼ばれるようになったそうです。

第5週 水曜日 Wednesday　　答え ②ピーマン

答え　②ピーマン

解説 ピーマンは、ナス科トウガラシ属の野菜です。ピーマンという言葉はフランス語のPiment（とうがらし）が語源になっています。ピーマンはビタミンCが多く含まれていて、独特の苦みや香りがあります。これは完熟する前に収穫しているためで、苦手な場合は、赤や黄色の完熟したものを選びましょう。

第5週 木曜日 Thursday　　答え ①味がおいしいから

答え　①味がおいしいから

解説 あじは、江戸時代の書籍『東雅』に、「アヂとは味也其味の美をいふなり」とあり、味がよいからあじという名前がついたといわれています。あじは、たんぱく質やカルシウムが豊富です。ぜんご（ぜいご）というかたいとげのようなものがついているので、調理をする時には、取り除きます。

第5週 金曜日 Friday　　答え ②鳥取県

答え　②鳥取県

解説 鳥取県は中国地方にあり、都道府県庁所在地は鳥取市です。面積は約3,507km²です。

平成30年の鳥取県のらっきょうの収穫量は日本一で、2,259トンです。らっきょうの旬は短く、5月下旬から6月頃です。鳥取県以外では、鹿児島県や宮崎県も収穫量が多いところです。

6月のクイズ一覧

週	曜日	クイズ一覧	クイズ内容
第1週	月	1kgの食料をつくるために、次のうちいちばん多く水が必要なのはどれかな？	バーチャルウォーター
	火	日本でいちばん多くトマトをつくっているのはどこ？	トマトの収穫量　熊本県
	水	これは何の花？	じゃがいも
	木	世界でいちばん多くバナナをつくっているのはどこ？	バナナの生産量　インド
	金	わたしはだれでしょう？	ピーマン
第2週	月	体によい食べ方をしているのはどっち？	そしゃく
	火	あゆはある野菜のような香りがします。何の野菜の香りかな？	あゆ
	水	この中でいちばんかみごたえのある食べ物はどれかな？	かみごたえのある食べ物
	木	本当のことをいっているのはどっち？	トマト
	金	和食とファストフード　かむ回数が多いのはどっち？	和食とファストフードのかむ回数
第3週	月	食中毒の予防で大切な菌を「つけない」「増やさない」「やっつける」。「つけない」のはどれかな？	食中毒予防の三原則
	火	わたしはだれでしょう？	いわし
	水	はしの使い方がきちんとできているのはだれかな？	きらいばし
	木	半分に切ってみたよ！　何の野菜かな？	なす
	金	日本でいちばん多くさくらんぼをつくっているのはどこ？	さくらんぼの収穫量　山形県
第4週	月	日本でいちばん初めに食育という言葉を使った人はだれでしょう？	食育　石塚左玄
	火	赤い梅干しは、何で色をつけているのかな？	梅干し
	水	魚へんの漢字クイズです　何かわかるかな？	いわし
	木	日本でいちばん多くびわをつくっているのはどこ？	びわの収穫量　長崎県
	金	この中でいちばんたんぱく質が多い食べ物はどれかな？	たんぱく質が多い食べ物
第5週	月	漢字で「西瓜」と書き、英語ではwatermelonという食べ物は何？	すいか
	火	三重県にある○○神宮に参詣した「お○○参り」。江戸時代から食べられているこの名前がついたうどんは何かな？	郷土料理　伊勢うどん
	水	これは何の花？	ピーマン
	木	どうしてあじという名前なの？	あじ
	金	日本でいちばん多くらっきょうをつくっているのはどこ？	らっきょうの収穫量　鳥取県

7月

7月 July 第1週

7月第1週 **月曜日** Monday	**魚へんの漢字クイズです** **何かわかるかな？** **鰈** ①うなぎ　②かわはぎ　③かれい
7月第1週 **火曜日** Tuesday	運動をしていて、たくさん汗を かく時に適した飲み物はどれかな？     ①コーラ　②緑茶　③スポーツドリンク
7月第1週 **水曜日** Wednesday	**わたしはだれでしょう？**  ①たこ　②いか　③えび
7月第1週 **木曜日** Thursday	**日本でいちばん多くきゅうりを** **つくっているのはどこ？** 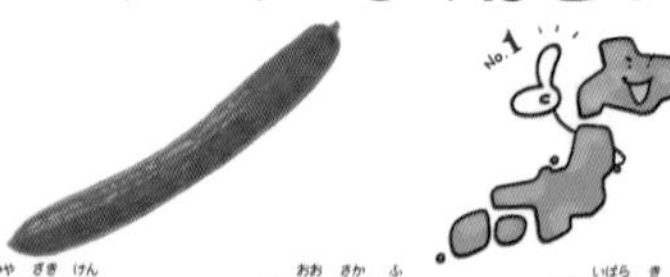 ①宮崎県　②大阪府　③茨城県
7月第1週 **金曜日** Friday	半分に切ってみたよ！ 何の野菜かな？ 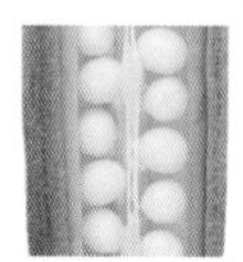 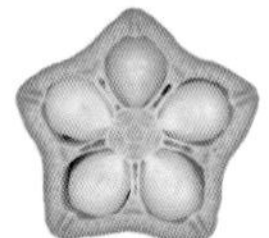 ①オクラ　②ししとう　③ピーマン

第１週　月曜日　Monday　　答え ③かれい

答え　③かれい

解説 かれいは、「かたわれ魚」が変化してかれいと呼ばれるようになったといいます。かれいは、生まれた直後には目は左右にありますが、左側の目が背中を超えて、だんだん右側に移動してくるそうです。かれいは脂肪が少なくたんぱく質が豊富です。煮魚や焼き魚、揚げ物などにして食べられています。

第１週　火曜日　Tuesday　　答え ③スポーツドリンク

答え　③スポーツドリンク

解説 運動時に汗をたくさんかくと、体内の水分と塩分が失われます。大量の汗をかいて水分や塩分が不足すると、熱中症になる可能性があります。運動時の水分補給には0.1～0.2％の塩分が含まれた飲料やスポーツドリンクが適しています。水分補給はのどがかわく前、少量をこまめにとることを心がけます。

第１週　水曜日　Wednesday　　答え ②いか

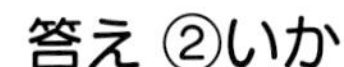

答え　②いか

解説 いかは、さまざまな種類があります。写真はするめいかで、いかの中でも漁獲量の多いものです。

いかは、たんぱく質やタウリンという成分が豊富です。コレステロールも含まれていますが、タウリンは体の中でコレステロールの吸収を抑える働きがあります。

第１週　木曜日　Thursday　　答え ①宮崎県

答え　①宮崎県

解説 宮崎県は九州地方にあり、都道府県庁所在地は宮崎市です。面積は約7,734km²です。

令和２年の宮崎県のきゅうりの収穫量は日本一で、60,700トンです。きゅうりは１年中出回っていますが、夏が旬の野菜です。

宮崎県以外では、群馬県や埼玉県も収穫量が多いところです。

第１週　金曜日　Friday　　答え ①オクラ

答え
①オクラ

解説 オクラは夏が旬の野菜で、断面が五角形になる品種が多く出回っています。断面が丸いものや赤色のオクラもあります。カロテンが多く含まれている緑黄色野菜で、刻むとねばねばした粘り気が特徴です。断面を生かしてそうめんやスープに入れたり、炒め物や煮物にしたり、いろいろな料理で味わえます。

7月 July 第2週

7月第2週

月曜日
Monday

これは何の花？

①パセリ
②ねぎ
③とうもろこし

7月第2週

火曜日
Tuesday

わたしはだれでしょう？

①すいか　②もも　③メロン

7月第2週

水曜日
Wednesday

□と□が一緒に来たよう

□に入る言葉は何かな？

①桃の節句と端午の節句
②七夕と月見
③盆と正月

7月第2週

木曜日
Thursday

世界でつくられている塩の原料は何かな？

①海の水
②湖の水
③岩

7月第2週

金曜日
Friday

7月7日の七夕にはそうめんを食べる風習があります。そうめんは何からつくられているのかな？

①米粉　②小麦粉　③片栗粉

第2週　月曜日　Monday　　　　答え ③とうもろこし

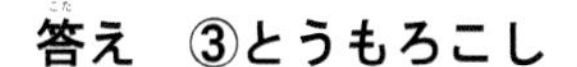

解説 とうもろこしは、イネ科トウモロコシ属です。とうもろこしは一つの株に雄花と雌花が咲きます。写真は雄花です。雄花の花粉が雌花について受粉すると実になります。日本では甘くて未熟な実をよく食べますが、甘くない品種で完熟した実を粉などにして、穀物として食べる国もたくさんあります。

第2週　火曜日　Tuesday　　　　答え ③メロン

答え　③メロン

解説 メロンは、果肉が黄緑色やオレンジ色の種類があり、皮に網があるものとないものがあります。果肉がオレンジ色のメロンは、体の中でビタミンAにかわるカロテンがとても多く含まれています。メロンはウリ科キュウリ属で、きゅうりの仲間なので、野菜に分類されることもあります。

第2週　水曜日　Wednesday　　　　答え ③盆と正月（盆と正月が一緒に来たよう）

解説 お盆や正月はいろいろな行事があるので、家族や親戚が集まり、めでたいことや楽しいことが重なって、非常に忙しいようすをたとえた言葉です。盆とは盂蘭盆の略で、旧暦の7月13日から16日頃に行われ、先祖の霊を迎えて供養をし、送り出す行事です。

第2週　木曜日　Thursday　　　　答え ①②③すべて

答え　①②③すべて

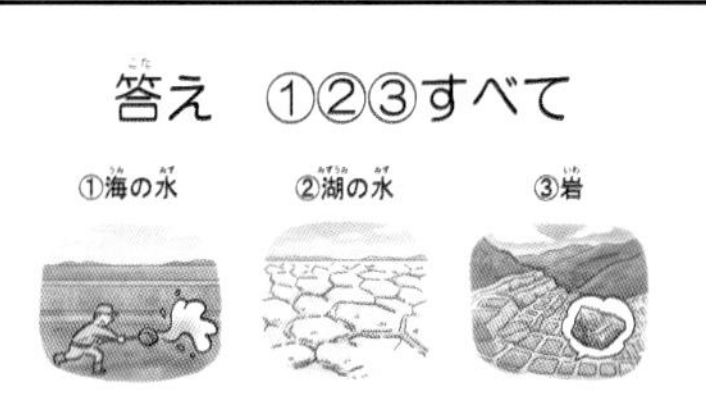

解説 世界でつくられている塩のうち、約6割が岩塩です。岩塩は地球の長い歴史の中で、海水が陸地に閉じ込められて結晶化したものです。日本は海に囲まれているため、昔から海水を利用して塩をつくってきました。現在は、電気エネルギーなどを使って、海水から塩をつくる製法が多く用いられています。

第2週　金曜日　Friday　　　　答え ②小麦粉

答え　②小麦粉

解説 七夕は中国の織女と牽牛の伝説が伝わったものです。行事食にはそうめんが食べられています。そうめんは奈良時代に中国から伝わってきた索餅（唐菓子）が原型ともいわれています。七夕には裁縫や詩歌の上達を願い、糸に見立てた索餅を供えたといいます。

7月 July 第3週

7月第3週

月曜日

Monday

大豆はある野菜が成長したものです。何かな？

①さやえんどう　②えだまめ　③さやいんげん

7月第3週

火曜日

Tuesday

日本でいちばん多くゴーヤーをつくっているのはどこ？

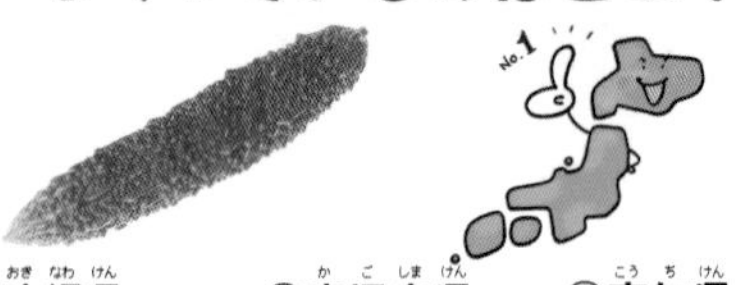

①沖縄県　②鹿児島県　③高知県

7月第3週

水曜日

Wednesday

わたしはだれでしょう？

①納豆　②豆腐　③みそ

7月第3週

木曜日

Thursday

ウソ？

ホント？

本当のことをいっているのはどっち？

ところてんは

①くらげ　②すずめ

7月第3週

金曜日

Friday

コップ1杯のオレンジジュースにはどのくらいの糖分が含まれているの？

①約5g　②約10g　③約20g

第3週　月曜日　Monday　　答え ②えだまめ

答え　②えだまめ

解説 えだまめを未熟なうちに収穫した野菜です。大豆と同様にたんぱく質やカルシウム、鉄が豊富です。また、大豆にはほとんど含まれていないカロテンやビタミンCも含まれています。えだまめは、収穫した後にどんどん品質が低下するので、買ったり、収穫したりした後は早めに食べるようにします。

第3週　火曜日　Tuesday　　答え ①沖縄県

答え　①沖縄県

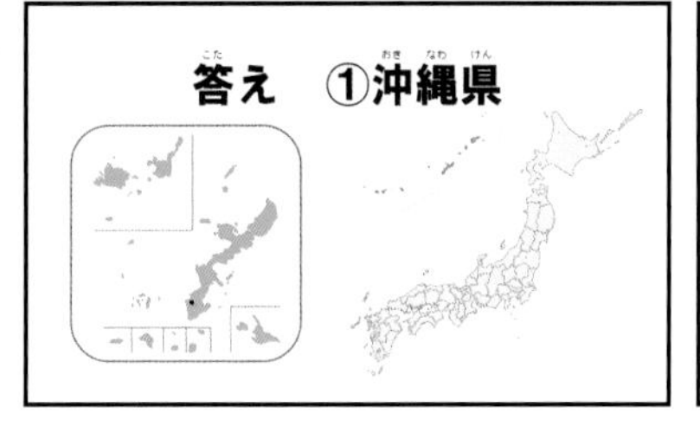

解説 沖縄県は九州地方にあり、都道府県庁所在地は那覇市です。面積は約2,282km²です。

平成30年の沖縄県のゴーヤーの収穫量は日本一で、7,346トンです。ゴーヤーは沖縄県で古くから食べられてきた野菜です。

沖縄県以外では、宮崎県や鹿児島県も収穫量が多いところです。

第3週　水曜日　Wednesday　　答え ①納豆

答え　①納豆

解説 納豆は大豆の加工食品で、かき混ぜるとねばねばする糸引き納豆がよく食べられています。納豆は大豆を煮て、納豆菌を加えて発酵させてつくるので、大豆にはない栄養成分もあり、腸の中でよい働きをするといわれています。また、糸を引かない納豆は「塩辛納豆」や「寺納豆」とも呼ばれています。

第3週　木曜日　Thursday　　答え ①くらげ

答え　①くらげ

ところてんは海藻からできているよ

ところてん

てんぐさ

解説 ところてんは、てんぐさという海藻からつくられています。海からとったてんぐさを、日光に当てて乾燥させ、これを水洗いして鍋に入れて煮込み、ろ過してかためたものを、ところてん突きなどで、細い棒状にすると、ところてんができあがります。ところてんは低エネルギーで食物繊維が含まれています。

第3週　金曜日　Friday　　答え ③約20g

答え　③約20g

解説 コップ１杯(200mL)のオレンジジュースには約20gの糖分が含まれています。暑い日に、水がわりにジュースなどを飲んでいると、糖分のとり過ぎになってしまいます。コーラやサイダー、スポーツドリンクなどの飲み物にも糖分が多く含まれています。ふだんの水分補給には、水や麦茶がおすすめです。

7月 July 第4週

7月第4週	
月曜日 Monday	水を1分間流したままにしておくと、どのくらいの量になるのかな？  ①約2L　②約12L　③約20L
7月第4週 **火曜日** Tuesday	**日本でいちばん多くさめをとっているのはどこ？**   **①佐賀県　②新潟県　③宮城県**
7月第4週 **水曜日** Wednesday	土用の丑の日に食べるとよいといわれているうなぎ。うなぎを食べるようになったのは何時代からかな？  ①縄文時代 ②奈良時代 ③江戸時代
7月第4週 **木曜日** Thursday	Aさんは夏休みにカレーライスをつくるために材料を集めました。ほかに加えた方がいい食品は何かな？ 米  肉 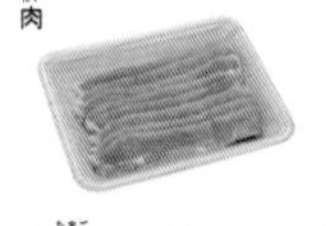 カレー粉  ①野菜　②卵　③ウインナーソーセージ
7月第4週 **金曜日** Friday	**わたしはだれでしょう？**  **①かき　②もも　③なし**

第4週　月曜日　Monday　　　答え ②約12L

答え　②約12L

解説 水を1分間、流したままにしておくと約12Lの水を捨てていることになります。また、水だけではなく、1分間で二酸化炭素の排出量が約3gになり、エネルギーも無駄に使われます。歯みがきや洗顔、食器を洗う時には、必要な分だけ水を使うようにすると、環境に配慮した生活を送ることができます。

第4週　火曜日　Tuesday　　　答え ③宮城県

答え　③宮城県

解説 宮城県は東北地方にあり、都道府県庁所在地は仙台市です。面積は約7,282km²です。令和2年の宮城県のさめの漁獲量は日本一で、10,241トンです。さめは、白身魚で淡白な味です。地域によっては「わに」とも呼ばれています。宮城県以外では、神奈川県や富山県も漁獲量が多いところです。

第4週　水曜日　Wednesday　　　答え ①縄文時代

解説 うなぎは縄文時代の遺跡（茨城県・陸平貝塚など）から骨が発掘されているように、大昔から食べられていました。また、奈良時代の『万葉集』に大伴家持が「石麻呂にわれもの申す夏痩せによしといふものぞむなぎとりめせ」と、うなぎが栄養源としてよいものと詠んでいます。※むなぎはうなぎのことです。

第4週　木曜日　Thursday　　　答え ①野菜

答え　①野菜

【野菜例】

解説 夏休みに料理をつくる時にも、栄養のバランスを考えましょう。体をつくる赤の食品（肉や魚、卵など）、エネルギーになる黄の食品（米やパン、めんなど）、体の調子をととのえる緑の食品（野菜や果物など）をバランスよく取り入れるようにしましょう。クイズでは緑の食品が足りませんでしたね。

第4週　金曜日　Friday　　　答え ②もも

答え　②もも

解説 ももは、バラ科の果樹で春にきれいな花が咲きます。3月3日のひなまつりは「桃の節句」とも呼ばれ、ももの花を飾ります。果物のももは中国が原産です。日本では、縄文時代の遺跡から、ももの種が発掘されるほど古くから食べられています。ももは、甘みが強く、水溶性の食物繊維が豊富です。

７月のクイズ一覧

週	曜日	クイズ一覧	クイズ内容
第1週	月	魚へんの漢字クイズです　何かわかるかな？	かれい
	火	運動をしていて、たくさん汗をかく時に適した飲み物はどれかな？	スポーツドリンク
	水	わたしはだれでしょう？	いか
	木	日本でいちばん多くきゅうりをつくっているのはどこ？	きゅうりの収穫量　宮崎県
	金	半分に切ってみたよ！　何の野菜かな？	オクラ
第2週	月	これは何の花？	とうもろこし
	火	わたしはだれでしょう？	メロン
	水	□と□が一緒に来たよう　□に入る言葉は何かな？	ことわざ　盆と正月が一緒に来たよう
	木	世界でつくられている塩の原料は何かな？	塩の原料
	金	７月７日の七夕にはそうめんを食べる風習があります。そうめんは何からつくられているのかな？	行事食　そうめん
第3週	月	大豆はある野菜が成長したものです。何かな？	えだまめ
	火	日本でいちばん多くゴーヤーをつくっているのはどこ？	ゴーヤーの収穫量　沖縄県
	水	わたしはだれでしょう？	納豆
	木	本当のことをいっているのはどっち？	ところてん　てんぐさ
	金	コップ１杯のオレンジジュースにはどのくらいの糖分が含まれているの？	オレンジジュースの糖分量
第4週	月	水を１分間流したままにしておくと、どのくらいの量になるのかな？	節水
	火	日本でいちばん多くさめをとっているのはどこ？	さめの漁獲量　宮城県
	水	土用の丑の日に食べるとよいといわれているうなぎ。うなぎを食べるようになったのは何時代からかな？	うなぎの歴史
	木	Ａさんは夏休みにカレーライスをつくるために材料を集めました。ほかに加えた方がいい食品は何かな？	夏休みの食事　栄養バランス
	金	わたしはだれでしょう？	もも

8月

8月 August 第5週

8月第5週

月曜日

Monday

アラビア語で「王様の野菜」と呼ばれている野菜は何かな？

①ほうれんそう　②モロヘイヤ　③トマト

8月第5週

火曜日

Tuesday

これは何の花？

①きゅうり

②かぼちゃ

③オクラ

8月第5週

水曜日

Wednesday

このグラフは各国の食料自給率をあらわしています。日本はどれでしょう？

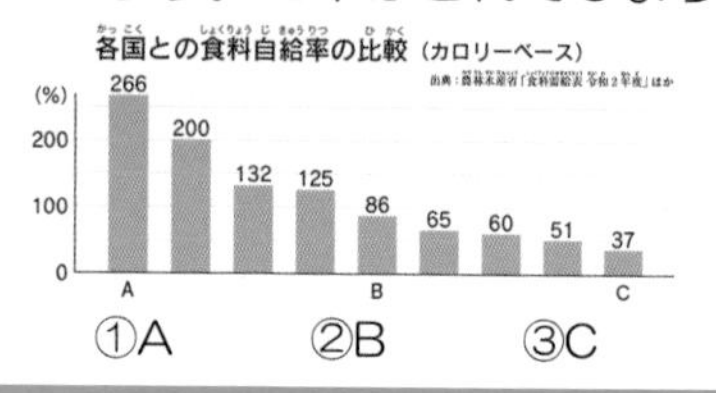

①A　②B　③C

8月第5週

木曜日

Thursday

奈良県の郷土料理、「□の葉ずし」は、ある果物の葉ですしを包んでいます。何の果物でしょう？

①梨　②桃　③柿

8月第5週

金曜日

Friday

夏が旬の冬瓜。どうして「冬」の字が入っているの？

①もともとは冬が旬だったから

②冬さんという人が初めにつくったから

③冬まで保存ができたから

8月

第５週　月曜日　Monday　　答え ②モロヘイヤ

解説 モロヘイヤは、王様の野菜とも呼ばれています。昔、エジプトの王様が病気になり、モロヘイヤのスープを飲んだところ、治ったという伝説があります。モロヘイヤは体の中でビタミンAにかわるカロテンが多く含まれています。また、カルシウムやビタミンC、食物繊維などの体によい働きをする成分も豊富です。

第５週　火曜日　Tuesday　　答え ②かぼちゃ

答え　②かぼちゃ

解説 かぼちゃは、ウリ科カボチャ属の野菜です。かぼちゃは一つの株に黄色い雄花と雌花が咲きます。雌花に別の株の雄花の花粉をつけて受粉させ、実がなるようにします。

よく食べられている（西洋）かぼちゃは、炭水化物やカロテン、ビタミンE、食物繊維が豊富です。

第５週　水曜日　Wednesday　　答え ③C

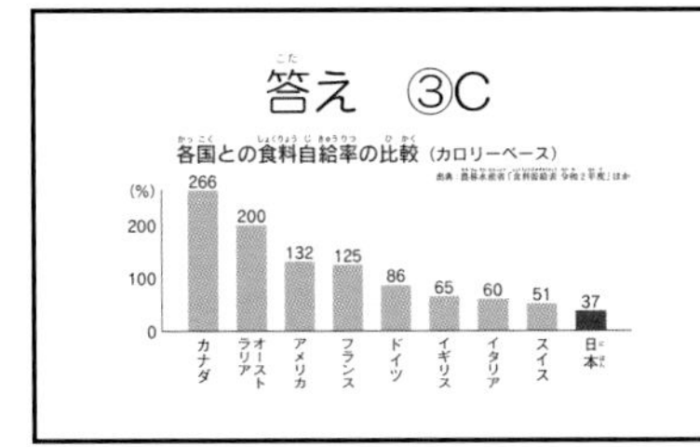

解説 食料自給率とは、国内で消費する食料をどれだけ国内で生産できるのかを示したものです。令和２年度の日本の食料自給率は37％で、とても低い値です。日本は多くの食料を輸入しているので、災害などで輸入ができなくなると、たいへんな状況になります。ですから食料自給率を上げることが重要なのです。

※「13_その他のスライド」には、ルビなし（グラフなど）のスライドを収録しています。

第５週　木曜日　Thursday　　答え ③柿

答え　③柿

柿の葉ずし

柿の葉（表）

柿の葉（裏）

解説 奈良県の郷土料理「柿の葉ずし」は、吉野地方で食べられていました。昔、和歌山県などの海でとれたさばを塩漬けにして運び、薄く切ってごはんにのせ、柿の葉で包んで木箱に詰め、押しずしにしたのが始まりといいます。柿の葉にはポリフェノールが多く、抗菌作用があるため、傷みにくいといいます。

第５週　金曜日　Friday　　答え ③冬まで保存ができたから

答え　③冬まで保存ができたから

解説 とうがんは、丸ごとのままなら冷暗所で冬まで保存ができたから「冬瓜」と呼ばれるという説があります。

とうがんには水分やカリウムが多く含まれています。淡白な味なので、ほかの食材と組み合わせてだしと一緒に煮込む煮物や、スープ、炒め物などで食べられています。

8月のクイズ一覧

週	曜日	クイズ一覧	クイズ内容
第5週	月	アラビア語で「王様の野菜」と呼ばれている野菜は何かな？	モロヘイヤ
	火	これは何の花？	かぼちゃ
	水	このグラフは各国の食料自給率をあらわしています。日本はどれでしょう？	日本の食料自給率
	木	奈良県の郷土料理、「□の葉ずし」は、ある果物の葉ですしを包んでいます。何の果物でしょう？	郷土料理　柿の葉ずし
	金	夏が旬の冬瓜。どうして「冬」の字が入っているの？	とうがん

9月

9月 September 第１週

9月第１週

月曜日

Monday

災害が起きた時、飲食に使うために、一人当たり１日に必要な水の量はどのくらいでしょう？

①1L　②2L　③3L

9月第１週

火曜日

Tuesday

夏休みが終わり学校が始まりましたが、Aさんはぼーっとして授業に集中できません。どんな夏休みを過ごしたのかな？

①朝寝坊で朝ごはん抜き

②ほとんど運動をしない

③夜遅くまでゲームをする

9月第１週

水曜日

Wednesday

日本でいちばん多くじゃがいもをつくっているのはどこ？

①長崎県　②北海道　③千葉県

9月第１週

木曜日

Thursday

世界でいちばん小さなパスタといわれているのは？

①カスカス　②クスクス　③ケスケス

9月第１週

金曜日

Friday

9月9日は重陽の節句といって、五節句のひとつで、□の節句ともいいます。□に入る花は何でしょう？

①菊 　②桜 　③椿 

9月

第1週　月曜日　Monday　　　答え ③3L

答え　③3L

解説 災害が起きると、電気やガス、水道が止まり、復旧までに長い時間がかかります。水は、そのまま飲むほか調理に使うため、一人3Lを3日～1週間分、用意することが望ましいといいます。これは、災害後はさまざまな理由で水が入手できないためです。日頃から家族の人数分を備蓄しておくことが大切です。

第1週　火曜日　Tuesday　　　答え ①②③すべて

答え　①②③すべて

①朝寝坊で朝ごはん抜き

②ほとんど運動をしない

③夜遅くまでゲームをする

解説 生活リズムをととのえるためには、早起きをして朝の光を浴びる、朝ごはんをしっかり食べる、日中は適度な運動をする、夜は早く寝て、十分な睡眠時間をとることが大切です。毎日の生活リズムをととのえて、元気に過ごしましょう。

第1週　水曜日　Wednesday　　　答え ②北海道

答え　②北海道

解説 北海道は北海道地方にあり、都道府県庁所在地は札幌市です。面積は約83,424km²です。令和2年の北海道のじゃがいもの収穫量は日本一で、1,733,000トン。約79％が北海道産です。じゃがいもは、炭水化物やビタミンCが豊富です。北海道以外では、鹿児島県や長崎県でも収穫されています。

第1週　木曜日　Thursday　　　答え ②クスクス

答え　②クスクス

解説 クスクスは、小麦の粉からつくる粒で、世界最小のパスタともいわれています。粒の大きさは約2mmで、蒸して肉やスープなどと一緒に食べます。

アルジェリアやチュニジアなどのアフリカの国や、ヨーロッパ、中東などの国で食べられています。

第1週　金曜日　Friday　　　答え ①菊

答え　①菊

解説 重陽の節句は菊の節句ともいいます。重陽の節句には、邪気をはらうために菊の花を浮かべた酒を飲んだり、栗ごはんを食べたりしました。地域によっては秋祭りなども行われています。

食用の菊を使ったおひたしや和え物など、いろいろな菊料理が各地で食べられています。

9月 September 第2週

9月第2週 月曜日 Monday

この中で主食、主菜、副菜がそろっているのはどれかな？

①

②

③

9月第2週 火曜日 Tuesday

わたしはだれでしょう？

①さんま　②まぐろ　③たら

9月第2週 水曜日 Wednesday

日本でいちばん多くすだちをつくっているのはどこ？

①三重県　②奈良県　③徳島県

9月第2週 木曜日 Thursday

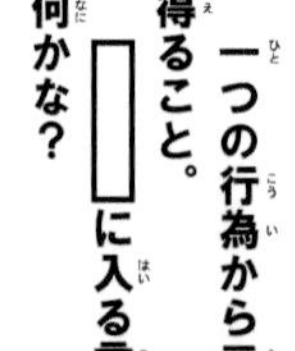

一石二□

①豚

②牛

③鳥

9月第2週 金曜日 Friday

十五夜は「いも名月」とも呼ばれます。
このいもは何かな？

①じゃがいも　②さといも

③ながいも

第2週　月曜日　Monday　　答え ③

解説　主食（ごはんやパンなど）、主菜（おもに魚や肉、卵などを使った料理）、副菜（おもに野菜やきのこなどを使った料理）がそろうと栄養バランスがととのった食事になります。さらに汁物を追加すると、よりよい献立になります。またカレーライスなどの、一皿で主食、主菜、副菜がそろう料理もあります。

第2週　火曜日　Tuesday　　答え ①さんま

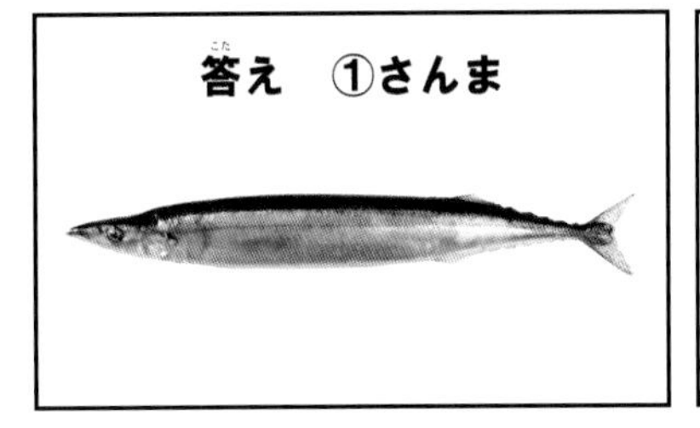

解説　さんまには、体によい働きをする脂質がたくさん含まれています。秋にとれて、刀のような形から、漢字で「秋刀魚」と書きます。刺身や塩焼き、かば焼きなどで食べられています。

　近年、海洋環境の変化やとり過ぎなどによって、漁獲量が減っています。

第2週　水曜日　Wednesday　　答え ③徳島県

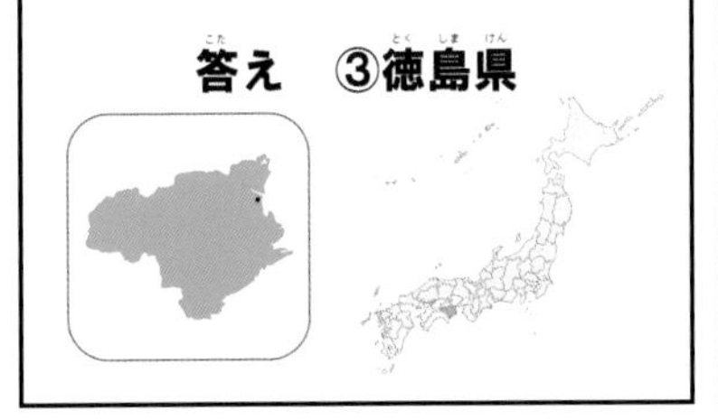

解説　徳島県は四国地方にあり、都道府県庁所在地は徳島市です。面積は約4,147km²です。

　平成30年の徳島県のすだちの収穫量は日本一で、4,213トンです。約98％が徳島県産です。すだちは、さわやかな香りや酸味が特徴で、果汁や果皮などが活用されています。

第2週　木曜日　Thursday　　答え ③鳥（一石二鳥）

解説　一つの行為で二つのよい結果を得る意味。

　元は、イギリスのことわざで、Kill twobirds with one stone.(一つの石で二羽の鳥を殺す)からきています。

　同じような意味の四字熟語に「一挙両得」があります。

第2週　金曜日　Friday　　答え ②さといも

解説　十五夜は「いも名月」や「中秋の名月」と呼ばれます。だんごやススキを飾り、月をめでる行事です。だんごが供えられるようになったのは江戸時代の後半頃といわれていて、それまではいも(さといも)を供えていたといいます。十五夜は秋の実りや収穫を祝う行事でもあり、柿や栗なども供えています。

9月 September 第３週

9月第３週 月曜日 Monday

『ごんぎつね』のごんが最後に兵十に持っていった食べ物は何かな？

①うなぎ　②いわし　③くり

9月第３週 火曜日 Tuesday

姿勢よく食事をしているのはどっちかな？

①Aさん

②Bさん

9月第３週 水曜日 Wednesday

○×クイズ

さけは赤身の魚である

9月第３週 木曜日 Thursday

これは何の花？

①キャベツ
②ほうれんそう
③なす

9月第３週 金曜日 Friday

もやしの名前の由来は何かな？

①やしの木にはえていたから

②萌やしとも書き、発芽させた芽のことだから

9月

第３週　月曜日 Monday　　答え ③くり

答え　③くり

解説 『ごんぎつね』には、うなぎ、いわし、くり、まつたけなどの食べ物が登場します。ごんは兵十につぐないをするために、毎日のようにくりやまつたけを運びます。そして最後の場面。「ごん、おまいだったのか、いつもくりをくれたのは。」ごんや兵十の気持ちを考えながら、くりを味わってみましょう。

第３週　火曜日 Tuesday　　答え ①Aさん

答え　①Aさん

解説 よい姿勢で食事をするには、いすに深く腰かけて背筋をのばし、机と体の間はこぶし一つ分くらいあけて、両足の裏を床につけます。足をぶらぶらさせたり、机からはみ出したり、横や斜めを向いて座ったりすると、周りの人がいやな思いをします。みんなが気持ちよく食事をするためによい姿勢を心がけましょう。

第３週　水曜日 Wednesday　　答え ×

答え　×

解説 さけの身はピンクや赤ですが、「白身」の魚です。これは、さけの餌となるえびやプランクトンにアスタキサンチンという赤い色素が含まれているためです。魚は筋肉の中のミオグロビンという色素の量によって、赤身（まぐろ、かつおなど）と白身（たい、かれいなど）にわかれています。

第３週　木曜日 Thursday　　答え ③なす

答え　③なす

解説 なすは、ナス科ナス属の野菜です。インドが原産地で暑い方が育ちやすいといいます。日本でも古くから栽培されていて、各地にさまざまな品種のなすがあります。40cm以上の長いなすや、10gくらいの小さななす、300g以上になる大きななすなどのほか、青なす、白なすなど、形も色もさまざまです。

第３週　金曜日 Friday　　答え ②萌やしとも書き、発芽させた芽のことだから

答え　②萌やしとも書き、発芽させた芽のことだから

解説 もやしは「萌やし」「糵」とも書き、豆や麦などを水に浸して発芽させたものです。現在のもやしは、緑豆や大豆などを冷暗所で発芽させてつくります。

もやしはエネルギー量が少なく、ビタミンB_1やB_2、カルシウムや鉄、食物繊維が含まれています。

9月 September 第4週

9月第4週 月曜日 Monday	世界でいちばん平均寿命が長い国は？ ①ギリシャ ②中国 ③日本

9月第4週

火曜日

Tuesday

わたしはだれでしょう？

①にんにく　②みょうが　③しょうが

9月第4週

水曜日

Wednesday

日本でいちばん多くぶどうをつくっているのはどこ？

①山梨県　②兵庫県　③岡山県

9月第4週

木曜日

Thursday

魚へんの漢字クイズです 何かわかるかな？

鰹

①はも　②かつお　③すずき

9月第4週

金曜日

Friday

秋の彼岸に供えたり食べたりする「おはぎ」はどれかな？

①

②

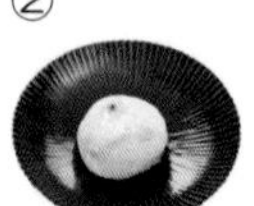

③

9月

第4週　月曜日　Monday　　答え ③日本

答え　③日本

解説 世界でいちばん平均寿命が長い国は日本で、84.26歳です。続いてスイスの83.45歳、韓国の83.3歳になります。ちなみに、ギリシャは81.1歳、中国は77.43歳です。日本が長寿国である理由は、和食を中心とした食生活や医療制度の充実などがあげられています。

第4週　火曜日　Tuesday　　答え ③しょうが

答え　③しょうが

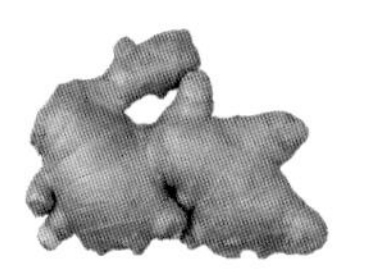

解説 しょうがには、特有の辛み成分が含まれていて、殺菌作用や消臭効果があります。魚や肉と一緒に使ったり、おろししょうがにして、刺身と一緒に食べたりします。おもに根を食べる根しょうがと、夏に出回る葉しょうがなどがあります。また、すしのガリは根しょうがを薄切りにして甘酢に漬けたものです。

第4週　水曜日　Wednesday　　答え ①山梨県

答え　①山梨県

解説 山梨県は中部地方にあり、都道府県庁所在地は甲府市です。面積は約4,465km²です。

令和2年の山梨県のぶどうの収穫量は日本一で、35,000トンです。ぶどうは、つるに近い部分(上)の方が甘みが増します。

山梨県以外では、長野県なども収穫量が多いところです。

第4週　木曜日　Thursday　　答え ②かつお

答え　②かつお

解説 かつおは、魚へんに「堅」と書きます。昔、干したかつおを「かたうお」と呼んだことから、この名前になったといいます。かつおは、たんぱく質や鉄が豊富です。春どりは脂質が少なく、秋どりは豊富（約12倍）に含まれます。さまざまな料理で食べられていて、かつおぶしの原料になる魚です。

第4週　金曜日　Friday　　答え ③

答え　③

解説 秋分の日の前後７日間を秋の彼岸といいます。彼岸は年に２回（春の彼岸/秋の彼岸）あり、お墓参りをして先祖を敬います。

秋の彼岸にはおはぎを、春の彼岸にはぼたもちを食べますが、これは同じものです。名前の違いは、それぞれ萩の花、ぼたんの花が咲く頃だからという説があります。

9月 September 第5週

9月第5週

月曜日

Monday

日本がいちばん多く牛肉を輸入している国は？

①オーストラリア　②アメリカ　③ブラジル

9月第5週

火曜日

Tuesday

このグラフは日本で一人当たり1年間に食べているある食品の消費量の変化です。ある食品とは何でしょう？

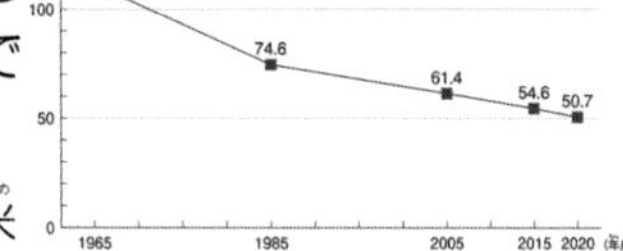

①肉　②油　③米

9月第5週

水曜日

Wednesday

実るほど頭を垂れる稲穂かな

これはどういう意味でしょう？

①よく実った稲に感謝をすること

②立派な人ほど謙虚なこと

9月第5週

木曜日

Thursday

魚の卵でおすし屋さんでも大人気！
さけの卵は何かな？

①かずのこ　②いくら　③からすみ

9月第5週

金曜日

Friday

口から入った食べ物が胃や腸を通って消化吸収される「食べ物の道」。入り口から出口まではどのくらいかかるかな？

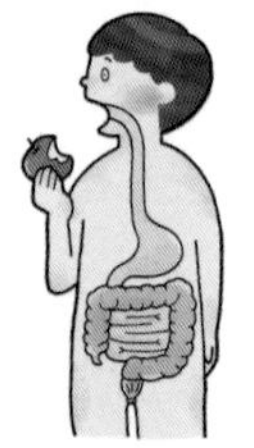

①約5時間　②約10時間　③1日以上

第５週　月曜日　Monday　　　答え ①オーストラリア

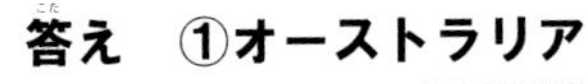

解説 2020年の貿易統計では、牛肉はオーストラリアからの輸入がいちばん多く、約263,313トンです。牛肉全体の日本への輸入量の約45.4％（金額ベース）を占めています。オーストラリア（オーストラリア連邦）の首都はキャンベラです。面積は7,692,024km²で日本の約20倍です。

第５週　火曜日　Tuesday　　　答え ③米

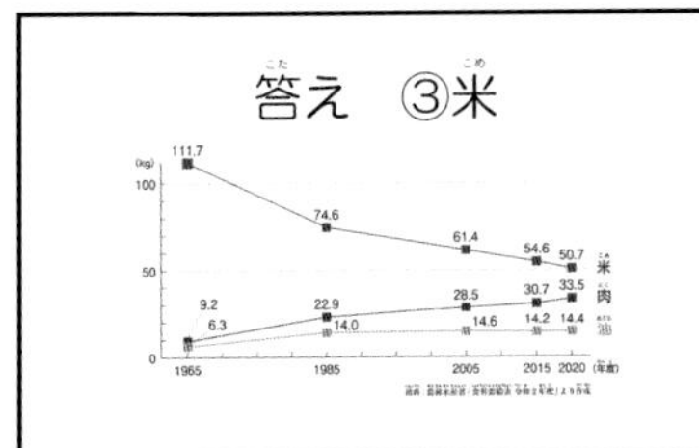

解説 1965年（昭和40年）に、一人当たり１年間111.7kgあった米の消費量は、2020年（令和２年）に、50.7kgに減っています。これは、食生活の変化や単身世帯の増加などが原因といわれています。米の自給率はほぼ100％なので、米を食べる量を増やすと、食料自給率を上げることにもつながります。

※「13_その他のスライド」には、ルビなし（グラフなど）のスライドを収録しています。

第５週　水曜日　Wednesday　　　答え ②立派な人ほど謙虚なこと（実るほど頭を垂れる稲穂かな）

解説 実った稲が、その重みで垂れ下がるように、人間も学問や徳を積むほど謙虚になるものだということ。どんなに偉くなっても謙虚であれという教え。これとは逆に「菩薩実が入れば俯く、人間実が入れば仰向く」（稲は実るほど穂が垂れ下がるが人間は地位が上になるほど尊大になる）ということわざもあります。

第５週　木曜日　Thursday　　　答え ②いくら

解説 いくらは、さけの卵で卵巣から一粒ずつほぐしたものです。かずのこは、にしんの卵で、からすみは、ぼらの卵巣です。ほかにも、たらこはすけとうだらの卵巣で、キャビアは、ちょうざめの卵です。いくらには、さけよりもビタミンＡやコレステロールが多く含まれ ています。

第５週　金曜日　Friday　　　答え ③１日以上

答え
③１日以上

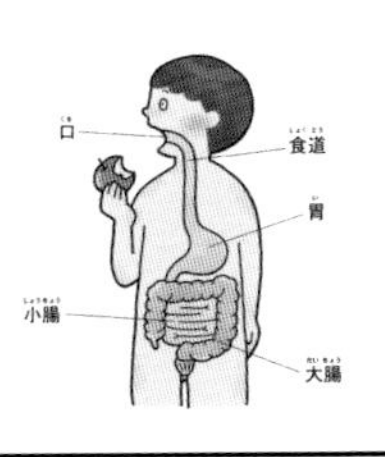

解説 食べ物は、口から食道を通って胃に入り、どろどろの状態に消化されて十二指腸を通り、さらに分解されて小腸に運ばれます。ここで栄養が吸収されて、体全体に運ばれます。残りは水分が抜かれて大腸に運ばれ、出口に向かいます。食べ物によっても違いますが、入り口から出口まで、約１～２日かかります。

９月

９月のクイズ一覧

週	曜日	クイズ一覧	クイズ内容
第1週	月	災害が起きた時、飲食に使うために、一人当たり１日に必要な水の量はどのくらいでしょう？	災害時に必要な水の量
	火	夏休みが終わり学校が始まりましたが、Ａさんはぼーっとして授業に集中できません。どんな夏休みを過ごしたのかな？	生活リズム
	水	日本でいちばん多くじゃがいもをつくっているのはどこ？	じゃがいもの収穫量　北海道
	木	世界でいちばん小さなパスタといわれているのは？	クスクス
	金	９月９日は重陽の節句といって、五節句のひとつで、□の節句ともいいます。□に入る花は何でしょう？	行事　重陽の節句
第2週	月	この中で主食、主菜、副菜がそろっているのはどれかな？	栄養バランス　主食･主菜･副菜
	火	わたしはだれでしょう？	さんま
	水	日本でいちばん多くすだちをつくっているのはどこ？	すだちの収穫量　徳島県
	木	一石二□　一つの行為から二つを得ること。□に入る言葉は何かな？	ことわざ　一石二鳥
	金	十五夜は「いも名月」とも呼ばれます。このいもは何かな？	行事　十五夜　さといも
第3週	月	『ごんぎつね』のごんが最後に兵十に持っていった食べ物は何かな？	教科書（国語）に出てくる食べ物
	火	姿勢よく食事をしているのはどっちかな？	食事の時の姿勢
	水	○×クイズ　さけは赤身の魚である	さけ　白身の魚　赤身の魚
	木	これは何の花？	なす
	金	もやしの名前の由来は何かな？	もやし
第4週	月	世界でいちばん平均寿命が長い国は？	長寿国　日本
	火	わたしはだれでしょう？	しょうが
	水	日本でいちばん多くぶどうをつくっているのはどこ？	ぶどうの収穫量　山梨県
	木	魚へんの漢字クイズです　何かわかるかな？	かつお
	金	秋の彼岸に供えたり食べたりする「おはぎ」はどれかな？	行事　彼岸　おはぎ
第5週	月	日本がいちばん多く牛肉を輸入している国は？	牛肉の輸入量　オーストラリア
	火	このグラフは日本で一人当たり１年間に食べているある食品の消費量の変化です。ある食品とは何でしょう？	米の消費量
	水	実るほど頭を垂れる稲穂かな　これはどういう意味でしょう？	ことわざ　実るほど頭を垂れる稲穂かな
	木	魚の卵でおすし屋さんでも大人気！　さけの卵は何かな？	いくら　魚の卵
	金	口から入った食べ物が胃や腸を通って消化吸収される「食べ物の道」。入り口から出口まではどのくらいかかるかな？	食べ物の旅

10月

10月 October 第１週

10月第１週 月曜日 Monday

日本でいちばん多く米をつくっているのはどこ？

①秋田県　②新潟県　③富山県

10月第１週 火曜日 Tuesday

さつまいもは、どこを食べているのかな？

①根　②茎　③実

10月第１週 水曜日 Wednesday

きのこは何の仲間かな？

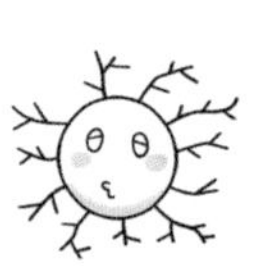

①野菜　②樹木　③菌

10月第１週 木曜日 Thursday

これは何の花？

①らっかせい
②さやいんげん
③みずな

10月第１週 金曜日 Friday

月見は年２回、十五夜と十三夜があります。十三夜は「後の月」や「□名月」ともいわれます。□に入る食べ物は何かな？

①豆　②貝　③茶

第１週　月曜日　Monday　　答え ②新潟県

解説 新潟県は中部地方にあり、都道府県庁所在地は新潟市です。面積は約12,584km²です。令和２年の新潟県の米の収穫量は日本一で、666,800トンです。新潟県以外では、北海道や秋田県も収穫量が多いところですが、日本の主食である米は、すべての都道府県で生産されています。

第１週　火曜日　Tuesday　　答え ①根

解説 さつまいもは、地下にはった根が太くなったものです。いもの中には、さつまいものように根を食べるものと、じゃがいものように地下の茎が太くなった部分を食べるものがあります。さつまいもは、炭水化物が多く、ビタミンＣや食物繊維も豊富です。

第１週　水曜日　Wednesday　　答え ③菌

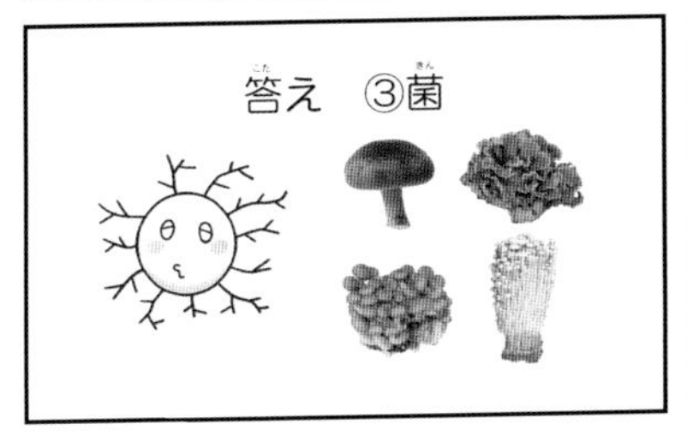

解説 きのこは、野菜売り場で売られていますが、菌の仲間です。売られているきのこは、菌を植えつけてつくる人工栽培のものがほとんどですが、栽培が難しいものや、きのこ狩りなどでとれる天然のきのこもあります。きのこには食物繊維や紫外線に当てるとビタミンＤになる成分が多く含まれています。

第１週　木曜日　Thursday　　答え ①らっかせい

解説 らっかせいは、マメ科ラッカセイ属です。小さな花が咲いて枯れると、子房柄という細い茎のようなものが伸びてきて、土に突き刺さりもぐっていきます。土の中では子房柄の先が膨らんで大きくなり、らっかせいになります。らっかせいは、たんぱく質や体によい脂質、ビタミンＥなどが多く含まれています。

第１週　金曜日　Friday　　答え ①豆

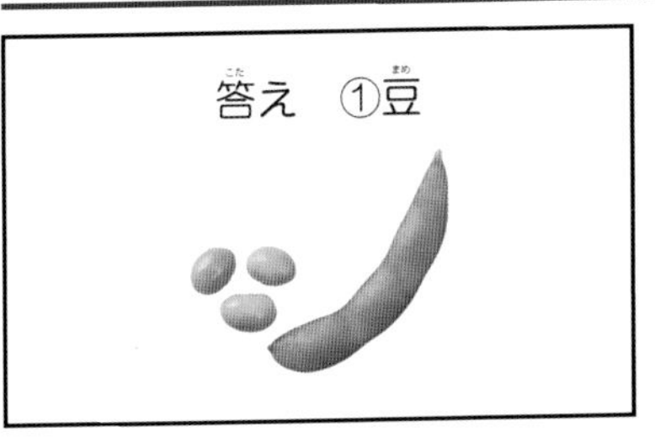

解説 十三夜の「豆名月」の豆とは、えだまめのことです。江戸時代は旧暦を使用していたため、今と１か月くらい季節が違い、十三夜の頃に収穫したえだまめを用いたそうです。月見は、十五夜と十三夜の両方を見るのが習わしで、片方だけは「片見月」といい、縁起が悪いといわれています。

10月 October 第２週

10月第２週 **月曜日** Monday	１時間スポーツをする時には、どのくらいの水分をとればいいの？  ①約200mL　②約500mL　③約700mL以上
10月第２週 **火曜日** Tuesday	**わたしはだれでしょう？**  **①ふぐ　②さば　③ぶり**
10月第２週 **水曜日** Wednesday	**日本でいちばん多く包丁をつくっているのはどこ？**  **①群馬県　②岐阜県　③島根県**
10月第２週 **木曜日** Thursday	アイヌの言葉で柳の葉（ススハム）と呼ばれている魚は何かな？ ①ししゃも ②わかさぎ ③ほっけ 
10月第２週 **金曜日** Friday	茶わん１杯のごはん(150g)の米の数は何粒くらいかな？  ①約300粒　②約3300粒　③約33300粒

第2週 月曜日 Monday　　答え ③約700mL以上

答え　③約700mL以上

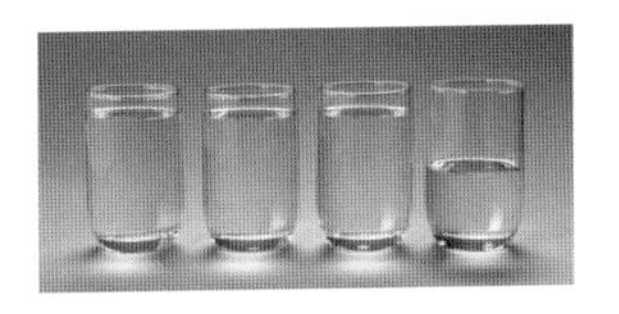

解説 スポーツの内容や強度によっても違いますが、運動をする前に200mL～250mLを、運動中は１時間につき500mL～1000mL（１回につき、200mL～250mLを数回にわけて）の水分補給をします。したがって、700mL以上1250mLくらいまでを目安に水分補給を行います。

第2週 火曜日 Tuesday　　答え ②さば

答え　②さば

解説 さば（まさば）は、背の部分に特有の青緑色の模様があり、脂質がたくさん含まれていて、たんぱく質や鉄も豊富です。すしやしめさば、塩焼き、みそ煮など、さまざまな料理で食べられています。昔、福井から京都まで、さばを運んだ道が「鯖街道」と呼ばれています。

第2週 水曜日 Wednesday　　答え ②岐阜県

答え　②岐阜県

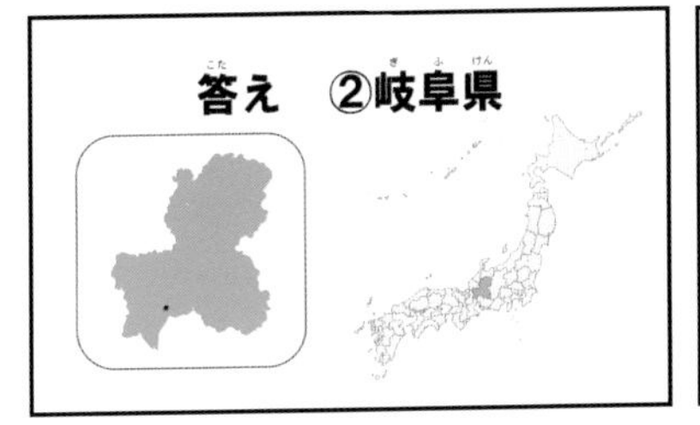

解説 岐阜県は中部地方にあり、都道府県庁所在地は岐阜市です。面積は約10,621km²です。令和元年の岐阜県の包丁の出荷金額は日本一で、119億2600万円です。岐阜県関市は大昔から刀づくりが盛んでした。その技術が包丁などの刃物づくりに生かされ、現代に受け継がれているといいます。

第2週 木曜日 Thursday　　答え ①ししゃも

答え　①ししゃも

解説 国産のししゃもは北海道でとれますが、漁獲量がとても少ないため、一般的には輸入されたからふとししゃもがよく食べられています。ししゃもはアイヌの言葉でススハム（柳の葉）と呼ばれています。ししゃもは、カルシウムや鉄がたくさん含まれていますので、丸ごと食べましょう。

第2週 金曜日 Friday　　答え ②約3300粒

答え　②約3300粒

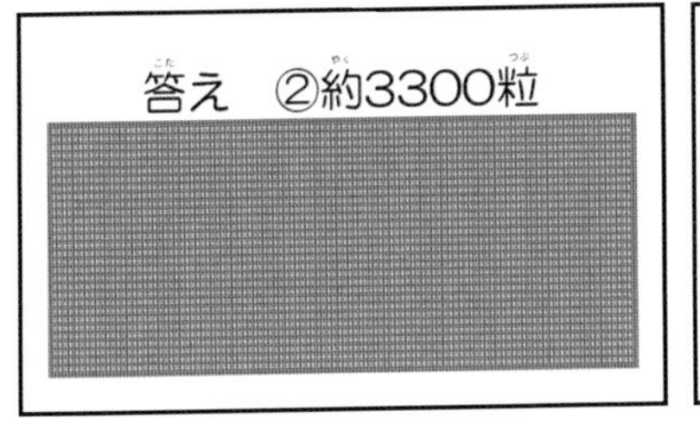

解説 米の品種などによっても違いはありますが、ちゃわん１杯のごはん（150g）の米の数は、約3300粒です。米は日本の主食で、大昔から食べられてきました。米には炭水化物が多く含まれていて、体や脳のエネルギー源となります。また、淡白な味なのでいろいろなおかずと合います。

10月 October 第３週

10月第３週

月曜日

Monday

日本でいちばん多くさといもをつくっているのはどこ？

①埼玉県　②三重県　③大分県

10月第３週

火曜日

Tuesday

次のうち手洗いを普及させるためにしていることは？

①ダンスで手洗いの大切さを伝える
②石けんの中におもちゃを入れる

10月第３週

水曜日

Wednesday

世界で飢えに苦しんでいる人はどのくらいいるのかな？

①日本の人口と同じくらい
②日本の人口の約３倍
③日本の人口の約６倍

10月第３週

木曜日

Thursday

トラ、ライオン、ワニ、豆の名前で本当にあるのはどれかな？

①トラ　②ライオン　③ワニ

10月第３週

金曜日

Friday

火中の□を拾う

他人のために危険を冒して、ひどい目にあうたとえ。□に入る言葉は何かな？

①米

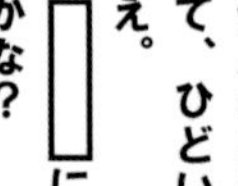

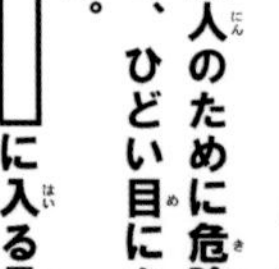

②豆

③栗

10月

第３週　月曜日　Monday　　答え ①埼玉県

解説 埼玉県は関東地方にあり都道府県庁所在地はさいたま市です。面積は約3,798km²です。

令和２年の埼玉県のさといもの収穫量は日本一で、17,700トンです。さといもは、縄文時代の頃から食べられています。

埼玉県以外では、千葉県や宮崎県も収穫量が多いところです。

第３週　火曜日　Tuesday　　答え ①②両方とも

答え　①②両方とも

①ダンスで手洗いの大切さを伝える

②石けんの中におもちゃを入れる

解説 10月15日は世界手洗いの日です。

世界には、不衛生な環境や生活習慣から命を失ってしまう子どもが１年間に約150万人もいます。手洗いは、だれにでもできて病原体から体を守ることができる簡単な予防法です。体を守るために、石けんを使った丁寧な手洗いを毎日実践しましょう。

第３週　水曜日　Wednesday　　答え ③日本の人口の約６倍

答え　③日本の人口の約６倍

解説 2020年、世界の飢餓人口は８億1100万人と推計されました。栄養不良によって５歳未満児の１億4900万人以上が発育阻害（年齢に対して身長が低過ぎる）です。一方、日本では約570万トンの食品ロスが発生しています。「SDGsの目標2: 飢餓をゼロに」のために何ができるのかを考えてみましょう。

第３週　木曜日　Thursday　　答え ①トラ（とらまめ）

答え　①トラ（とらまめ）

解説 とらまめは、いんげんまめの一種で、模様がトラに似ているので、名づけられています。豆には大豆、小豆、いんげんまめ、えんどうまめ、ひよこまめなど、さまざまな種類があり、世界各地で食べられています。栄養成分は、豆によっても違いますが、炭水化物やビタミンB_1、食物繊維などが含まれています。

第３週　金曜日　Friday　　答え ③栗（火中の栗を拾う）

答え　③栗

火中の栗を拾う

解説 他人のために危険を冒してひどい目にあうことや、難しい問題や困難な事柄にあえて身を投じることのたとえ。フランスの寓話から、ネコがサルにおだてられて熱い暖炉の中の栗を拾い上げ、それをサルが食べてしまうということわざがあり、日本に伝わって変化したものです。

10月 October 第4週

10月第4週

月曜日

Monday

地産地消とはどういう意味でしょう？

①地域で生産されたものをその地域で消費すること
②地球で生産されたものを食べつくすこと
③地下の生物が消えていくこと

10月第4週

火曜日

Tuesday

この中で炭水化物がいちばん多い食べ物はどれかな？

①ごはん　②豚肉　③ほうれんそう

10月第4週

水曜日

Wednesday

日本の食料自給率を上げるためにできることはどれ？

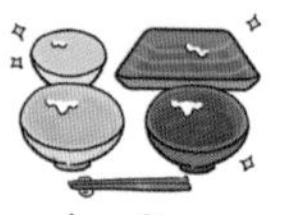

①食べ残しをしない　②主食をごはんにする　③地元産や国産を選ぶ

10月第4週

木曜日

Thursday

日本でいちばん多くオリーブをつくっているのはどこ？

①滋賀県　②和歌山県　③香川県

10月第4週

金曜日

Friday

ごみを減らして限りある資源を循環させる3Rの取り組み。3Rの組み合わせで正しいのはどっちかな？

① Reduceリデュース Reuseリユース Recycleリサイクル
② Refreshリフレッシュ Restレスト Riseライズ

10月

第４週　月曜日　Monday　　答え ①地域で生産されたものをその地域で消費すること

答え　①地域で生産されたものを
その地域で消費すること

解説　地域で生産されたものをその地域で消費することを地産地消といいます。地産地消は、生産者と消費者の距離が近いため、輸送などにかかる二酸化炭素（CO_2）の排出量を削減することができます。また、つくる人の顔が見えるという利点もあります。

第４週　火曜日　Tuesday　　答え ①ごはん

答え　①ごはん

解説　炭水化物は五大栄養素の一つで、エネルギー源になる大切な栄養素です。炭水化物は体内で消化吸収されて糖質と食物繊維にわけられ、糖質がさらに分解されたブドウ糖は、脳のエネルギー源としても重要です。炭水化物が多く含まれている食品は、米、パン、めんなどの穀類や、いも類、砂糖などです。

第４週　水曜日　Wednesday　　答え ①②③すべて

答え　①②③すべて

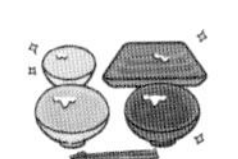

①食べ残しをしない

②主食をごはんにする

③地元産や国産を選ぶ

解説　食料自給率を上げるために、すぐにできることは、食べ残しをしないことです。そして、ごはんを中心に野菜をたくさん使った食生活を心がけ、地元でとれる（または国産の）旬の食材を選びます。朝ごはんもしっかり食べましょう。食料自給率を上げるために、何ができるのかを考えてみましょう。

第４週　木曜日　Thursday　　答え ③香川県

答え　③香川県

解説　香川県は四国地方にあり、都道府県庁所在地は高松市です。面積は約1,877km²です。平成30年の香川県のオリーブの収穫量は日本一で、約420トンです。約91％が香川県産です。オリーブは、明治時代に日本で試作が始まり、香川県の小豆島で栽培が成功して広がっていったそうです。

第４週　金曜日　Friday　　答え ①Reduceリデュース Reuceリユース Recycleリサイクル

答え ① Reduceリデュース　Reuseリユース
Recycleリサイクル

Reduce
リデュース
（発生抑制）

Reuse
リユース
（再使用）

Recycle
リサイクル
（再生利用）

解説　３RとはReduceリデュース、Reuseリユース、Recycleリサイクルのことで、ごみを減らし、限りある資源を循環させるための大切な取り組みです。中でもリデュースは、必要なものだけを買う、食べ残しをしないなど、すぐにでもできることです。一人ひとりが持続可能な社会のために何ができるのかを考えてみましょう。

10月 October 第5週

10月第5週　月曜日 Monday

日本がいちばん多く紅茶を輸入している国は？

①インド　②スリランカ　③中国

10月第5週　火曜日 Tuesday

魚へんの漢字クイズです　何かわかるかな？

鯖

①ひらめ　②ふぐ　③さば

10月第5週　水曜日 Wednesday

桃栗三年　□八年

□に入る言葉は何かな？

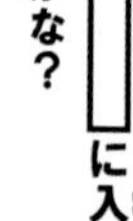

①梨　②柿　③梅

10月第5週　木曜日 Thursday

○×クイズ

野菜ジュースを飲めば野菜を食べなくてもいい

10月第5週　金曜日 Friday

食品ロスを減らすためにできることは何かな？

①食べ残しをしない　②買い過ぎない　③表示を確認する

第５週　月曜日　Monday　　答え ②スリランカ

解説 2020年の貿易統計では、紅茶はスリランカからの輸入がいちばん多く、約5,707トンです。紅茶全体の日本への輸入量の約40.6％（金額ベース）を占めています。スリランカ（スリランカ民主社会主義共和国）の首都はスリ・ジャヤワルダナプラ・コッテです。面積は65,610km²で北海道の約４/５です。

第５週　火曜日　Tuesday　　答え ③さば

答え　③さば

解説 さばは、魚へんに「青」と書きます。「靑」は「青」の旧字で、青い魚という意味です。たんぱく質、脂質、鉄が豊富です。特に脂質はたいへん多く含まれています。魚の脂質は、体によい働きをするDHAやIPA（EPA）などが豊富です。さばは、すし、焼き魚、煮魚などで食べられています。

第５週　水曜日　Wednesday　　答え ②柿（桃栗三年柿八年）

解説 芽が出てから実がなるまでに、桃や栗は三年、柿は八年くらいかかり、何事も、成し遂げるには長い年月がかかるということ。この言葉の後に、「柚子は九年の花盛り」や「枇杷は九年でなりかねる」などともいわれています。実際には、桃や栗は２～３年で、柿は６～７年で実をつけるようです。

第５週　木曜日　Thursday　　答え ×

答え　×

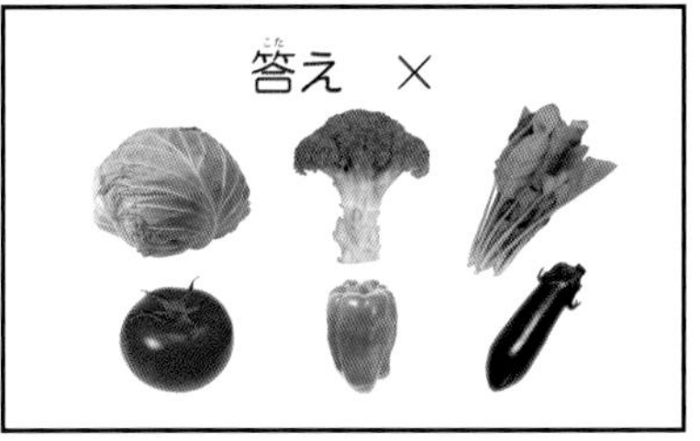

解説 市販の野菜ジュースからは野菜の栄養成分を手軽にとることができますが、野菜と同じではありません。加工の際に栄養成分が減ったり、糖分が多くなったりしているものもあります。野菜はかみごたえがあるものや旬を味わえるもの、色や形、栄養成分もさまざまなので、いろいろなものを食べることが大切です。

第５週　金曜日　Friday　　答え ①②③すべて

答え　①②③すべて

①食べ残しをしない　②買い過ぎない　③表示を確認する

解説 日本の食品ロスは１年間で約570万トンあります。廃棄する食品が多いほど、運搬や焼却にかかる二酸化炭素の排出量も増えます。食品ロスを減らすためには、食べ残しをしない、買い過ぎない、表示を確認して食べ切ることが大切です。一人ひとりの行動が食品ロスを減らすことにつながります。

10月のクイズ一覧

週	曜日	クイズ一覧	クイズ内容
第1週	月	日本でいちばん多く米をつくっているのはどこ？	米の収穫量　新潟県
	火	さつまいもは、どこを食べているのかな？	さつまいも
	水	きのこは何の仲間かな？	きのこ
	木	これは何の花？	らっかせい
	金	月見は年２回、十五夜と十三夜があります。十三夜は「後の月」や「□名月」ともいわれます。□に入る食べ物は何かな？	行事　十三夜　えだまめ
第2週	月	１時間スポーツをする時には、どのくらいの水分をとればいいの？	スポーツ時の水分補給
	火	わたしはだれでしょう？	さば
	水	日本でいちばん多く包丁をつくっているのはどこ？	包丁の出荷金額　岐阜県
	木	アイヌの言葉で柳の葉（ススハム）と呼ばれている魚は何かな？	ししゃも
	金	茶わん１杯のごはん(150g)の米の数は何粒くらいかな？	米
第3週	月	日本でいちばん多くさといもをつくっているのはどこ？	さといもの収穫量　埼玉県
	火	次のうち手洗いを普及させるためにしていることは？	世界手洗いの日
	水	世界で飢えに苦しんでいる人はどのくらいいるのかな？	世界の飢餓人口　SDGs
	木	トラ、ライオン、ワニ、豆の名前で本当にあるのはどれかな？	豆いろいろ
	金	火中の□を拾う　他人のために危険を冒して、ひどい目にあうたとえ。□に入る言葉は何かな？	ことわざ　火中の栗を拾う
第4週	月	地産地消とはどういう意味でしょう？	地産地消
	火	この中で炭水化物がいちばん多い食べ物はどれかな？	炭水化物
	水	日本の食料自給率を上げるためにできることはどれ？	食料自給率
	木	日本でいちばん多くオリーブをつくっているのはどこ？	オリーブの収穫量　香川県
	金	ごみを減らして限りある資源を循環させる３Rの取り組み。3Rの組み合わせで正しいのはどっちかな？	３R 持続可能な社会
第5週	月	日本がいちばん多く紅茶を輸入している国は？	紅茶の輸入量　スリランカ
	火	魚へんの漢字クイズです　何かわかるかな？	さば
	水	桃栗三年□八年　□に入る言葉は何かな？	ことわざ　桃栗三年柿八年
	木	○×クイズ　野菜ジュースを飲めば野菜を食べなくてもいい	野菜と野菜ジュース
	金	食品ロスを減らすためにできることは何かな？	食品ロス

11月

11月 November 第1週

11月第１週

月曜日
Monday

大豆はいろいろな食べ物にすがたをかえます。？に当てはまる食べ物は何かな？　①おから　②ゆば　③豆腐

大豆
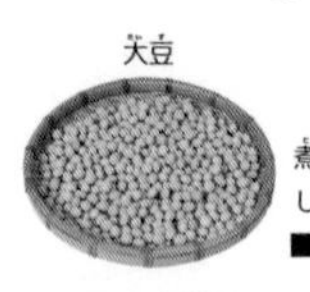
煮る
しぼる
→
豆乳
にがりを加えてかためる
→
？

11月第１週

火曜日
Tuesday

日本でいちばん多くりんごをつくっているのはどこ？

①福島県　②青森県　③長野県

11月第１週

水曜日
Wednesday

ブロッコリーはおもにどこを食べているのかな？

①実　②つぼみ　③葉

11月第１週

木曜日
Thursday

地域でとれた旬の食べ物を選ぶよさは何でしょう？

①新鮮でおいしい

②生産者の顔が見える

③環境にやさしい

11月第１週

金曜日
Friday

魚のあぶらはどっちかな？

①
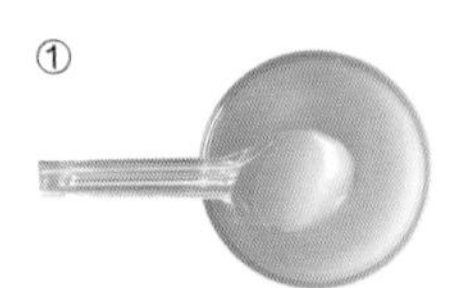

②

第1週　月曜日　Monday　　　　答え ③豆腐

答え　③豆腐

解説　大豆はさまざまな食品の原料になっています。大豆を水につけて加熱し、すりつぶして汁をしぼり、残ったものが「おから」、汁が「豆乳」です。豆乳を加熱してできるまくが「ゆば」。豆乳ににがりを加えてかためると「豆腐」になります。ほかにも、みそ、しょうゆ、納豆など、多くの食品があります。

第1週　火曜日　Tuesday　　　　答え ②青森県

答え　②青森県

解説　青森県は東北地方にあり、都道府県庁所在地は青森市です。面積は約9,646㎢です。令和２年の青森県のりんごの収穫量は日本一で、463,000トンです。りんごは、クエン酸が疲労回復に、水溶性の食物繊維は整腸作用によいといわれています。青森県以外では、長野県なども収穫量が多いところです。

第1週　水曜日　Wednesday　　　答え ②つぼみ

答え　②つぼみ

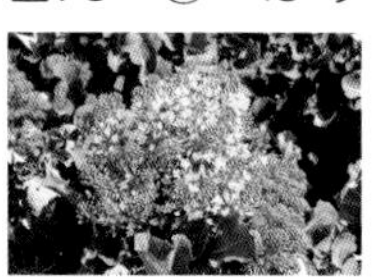

解説　ブロッコリーはおもにつぼみを食べる野菜です。収穫をしないで、畑にそのままにしておくと、黄色い小さな花が咲きます。茎もかたい部分を取り除くと、捨てずに食べられます。ブロッコリーは、カロテンやビタミンC、カルシウム、鉄、食物繊維が豊富な緑黄色野菜です。

第1週　木曜日　Thursday　　　　答え ①②③すべて

答え　①②③すべて

①新鮮で おいしい

②生産者の 顔が見える

③環境に やさしい

解説　地域でとれた旬の食べ物は、収穫したばかりのものが店頭に並ぶことも多く、新鮮でおいしいものが食べられます。また、生産者が近くに住んでいることもあり、直接会ったり、食材のことを聞いたりすることができます。そのうえ輸送にかかるエネルギーが少なく、二酸化炭素（CO_2）の排出量も減らせます。

第1週　金曜日　Friday　　　　答え ②

答え　②

解説　肉に含まれるあぶらの多くは、室温に置いておくとかたまる性質があり、とり過ぎると、血液中の悪玉コレステロールを増やしたり、肥満や生活習慣病の原因になったりします。一方、魚に含まれるあぶらの多くは、かたまりにくく、血液をさらさらにしたり血管の病気を防いだりします。

11月 November 第2週

11月第2週

月曜日

Monday

日本でいちばん多くこんにゃくいもをつくっているのはどこ？

①群馬県　②石川県　③奈良県

11月第2週

火曜日

Tuesday

弥生時代の卑弥呼の食事を再現してみました。何回くらいかんでいるのかな？

①約390回
②約1990回
③約3990回

11月第2週

水曜日

Wednesday

京都府の漬物で聖護院かぶを薄切りにして漬けた「□枚漬け」。□に入る数は何かな？

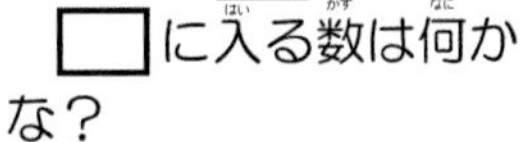

①百　②千　③万

11月第2週

木曜日

Thursday

大豆の自給率はどのくらいかな？

①6%
②16%
③60%

11月第2週

金曜日

Friday

日本がいちばん多くプロセスチーズを輸入している国は？

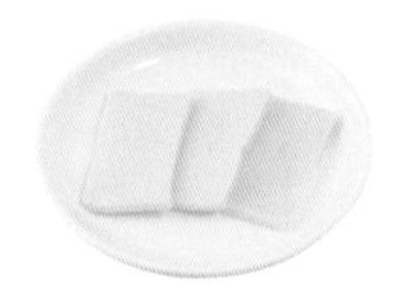

①フランス　②オランダ　③スイス

第2週 月曜日 Monday　　答え ①群馬県

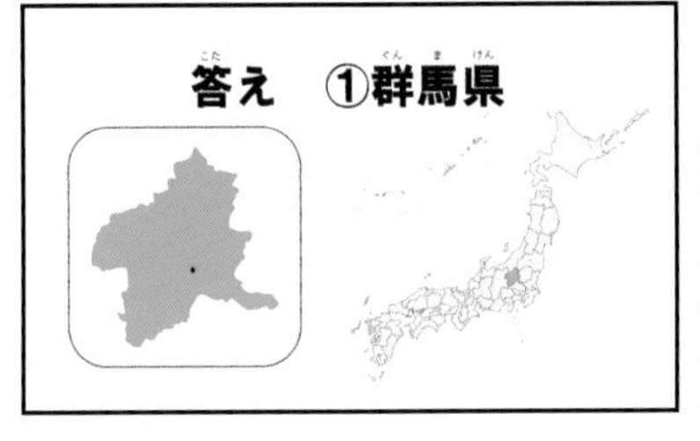

解説 群馬県は関東地方にあり、都道府県庁所在地は前橋市です。面積は約6,362㎢です。令和２年の群馬県のこんにゃくいもの収穫量は日本一で、50,200トンです。約93%が群馬県産です。こんにゃくいもは、こんにゃくの原料で、３年かけて大きく育てたいもからつくります。

第2週 火曜日 Tuesday　　答え ③約3990回

答え ③約3990回

解説 卑弥呼は弥生時代の邪馬台国の王です。縄文時代の終わり頃に日本に伝わった稲作は、弥生時代に各地に広がったといわれています。弥生時代は、玄米や貝の汁物、焼き魚や魚の干物、くるみやくりなどの、かたくてかみごたえのあるものが多い食事だったようです。

第2週 水曜日 Wednesday　　答え ②千

答え ②千

千枚漬け

解説 千枚漬けは、京都府の伝統野菜である聖護院かぶを薄く切って、塩漬けにした漬物で、江戸時代につくり始めたといいます。聖護院かぶは重さが１kg～1.5 kg、大きなものでは数kgにもなります。かぶの収穫時期となっている11月頃から千枚漬けの生産が始まり、京都の冬の風物詩になっています。

第2週 木曜日 Thursday　　答え ①6%

答え ①6%

解説 令和２年度の大豆の自給率は、6%です。大豆は豆腐や納豆、みそ、しょうゆ、油などの原料になります。国内で使われる大豆（輸入品も含め）のうち、約65%が油の原料になるため、食品用大豆の自給率は20%です。日本の自給率は野菜が80%で、いもが73%なので、大豆はとても低い値といえます。

第2週 金曜日 Friday　　答え ①フランス

解説 2020年の貿易統計では、プロセスチーズはフランスからの輸入がいちばん多く、約6,845トンです。プロセスチーズ全体の日本への輸入量の約71.6%（金額ベース）を占めています。フランス（フランス共和国）の首都はパリです。面積は544,000㎢で日本の約1.5倍です。

11月 November 第3週

11月第3週

月曜日

Monday

わたしはだれでしょう？

①にんじん　②だいこん　③ごぼう

11月第3週

火曜日

Tuesday

豆腐は何と数えるかな？

①枚　②膳　③丁

11月第3週

水曜日

Wednesday

将来、生活習慣病になりやすいのはどっち？

①Aさん

- 1日三食規則正しく食べる
- 運動をするのが好き
- 三食しっかりとっているので間食はあまりしない

②Bさん

- 朝食は食べないことが多い
- 運動をするのはきらい
- スナック菓子や清涼飲料を毎日たくさんとる

11月第3週

木曜日

Thursday

日本でいちばん多くレモンをつくっているのはどこ？

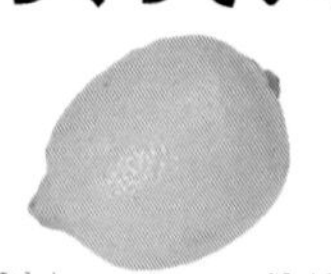

①東京都　②広島県　③沖縄県

11月第3週

金曜日

Friday

さといもは、日本でいつから食べられているのかな？

①縄文時代　②平安時代　③鎌倉時代

第３週　月曜日　Monday　　答え ③ごぼう

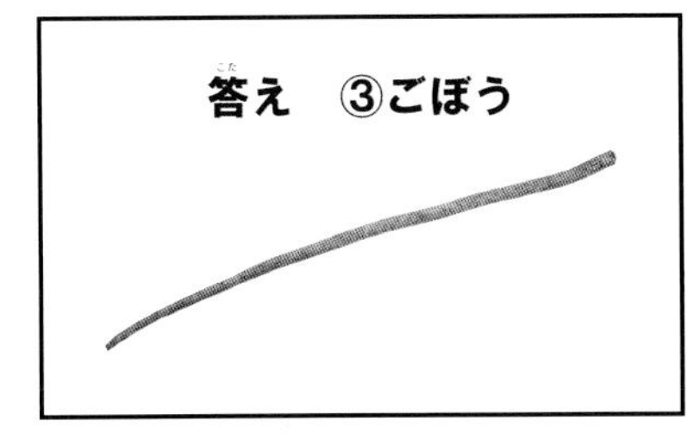

解説 ごぼうは土の中の根を食べる根菜です。食物繊維が豊富で、便秘や生活習慣病の予防に役立ちます。切ったままでは茶色に変色しますが、これはポリフェノールが多く含まれているためです。酢水につけると変色を防ぐことができます。皮にも栄養成分やうまみがあるので、たわしで軽くこする程度にむきます。

第３週　火曜日　Tuesday　　答え ③丁

解説 豆腐を数える時は「丁」を使います。丁には偶数の意味があるため、以前は豆腐一丁が豆腐２個分をあらわしていました。現在では１パックの豆腐を一丁と呼ぶことが多いようです。これ以外にも「丁」は、市街の区分をあらわしたり（一丁目）、本の紙（表裏２ページ分）を示したりします。

第３週　水曜日　Wednesday　　答え ②Bさん

答え　②Bさん

【生活習慣病を予防するために】
- １日三食を規則正しくとる
- 食べ過ぎないようにする
- 野菜をたくさんとる
- 糖分・塩分・脂質をとり過ぎない
- 適度な運動をする
- 十分な睡眠を心がける

解説 生活習慣病とは、生活習慣が関係して起こる病気のことで、心臓病や糖尿病などがあります。予防のためには規則正しい食生活を送り、糖分・塩分・脂質などをとり過ぎず、適度な運動をすることが大切です。また、子どもの頃の食習慣がおとなになってからも影響するので、今から食生活を見直しましょう。

第３週　木曜日　Thursday　　答え ②広島県

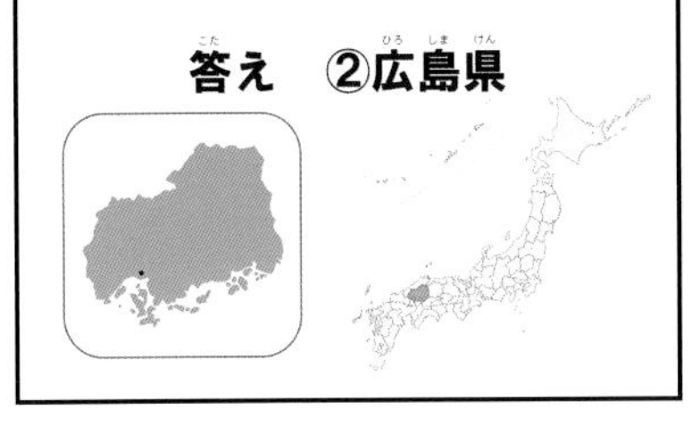

解説 広島県は中国地方にあり、都道府県庁所在地は広島市です。面積は約8,479㎢です。平成30年の広島県のレモンの収穫量は日本一で、約3,570トンです。レモンは、さわやかな香りや酸味があり、ビタミンCが多く含まれています。広島県以外では、愛媛県なども収穫量が多いところです。

第３週　金曜日　Friday　　答え ①縄文時代

解説 さといもは、縄文時代から食べられているいもです。親いものまわりに子いもがたくさんできることから、子孫繁栄の縁起物として、正月にも欠かせない食材です。

さといもは、炭水化物やカリウム、食物繊維が豊富です。

11月 November 第4週

11月第4週

月曜日
Monday

これは何の花？

①りんご
②かき
③びわ

11月第4週

火曜日
Tuesday

わたしはだれでしょう？

和食に欠かせないものです

和食では、こんぶや煮干し、かつおぶしなどからつくられたものを使います

①だし　②みそ　③しょうゆ

11月第4週

水曜日
Wednesday

○×クイズ

いただきますには、動植物の命をいただくことへの感謝の気持ちが込められている

11月第4週

木曜日
Thursday

2013年にユネスコ無形文化遺産に登録されたものは何でしょう？

①和服

②和食

③和室

11月第4週

金曜日
Friday

□穀豊穣

穀物がよく実ること。□に入る言葉は何かな？

①一
②三
③五

第４週　月曜日　Monday　　答え ②かき

答え　②かき

解説 かきは、カキノキ科カキノキ属です。かきは古くから日本各地で栽培されています。かきは甘みが強く、ビタミンCがたくさん含まれています。かきの渋みはタンニンという成分で病気を防ぐ抗酸化作用があります。また、食物繊維も豊富です。

第４週　火曜日　Tuesday　　答え ①だし

答え　①だし

解説 だしは、食材からうまみ成分を取り出したものです。日本では和食に欠かせないもので、こんぶ、煮干し、かつおぶし、干ししいたけなどの食材からだしをとります。だしをしっかりとると、うまみ成分があるため、薄味でもおいしく感じられ、塩分のとり過ぎを防ぐこともできます。

第４週　水曜日　Wednesday　　答え ○

答え　○

解説 食事をする前のあいさつ「いただきます」は、食料となってくれた米や野菜、魚、肉などのすべての命に感謝する言葉です。「ごちそうさま」は、米や野菜を育てた人、加工した人、運んだ人など、食事にかかわるすべての人に感謝する言葉です。食事の際には感謝を込めてあいさつをしましょう。

第４週　木曜日　Thursday　　答え ②和食

答え　②和食

解説 2013年12月４日に、「和食；日本人の伝統的な食文化－正月を例として」がユネスコの無形文化遺産に登録されました。和食の特徴は、１）多様で新鮮な食材と持ち味の尊重、２）一汁三菜を基本にした栄養バランスのよさ、３）自然の美しさや季節を表現、４）年中行事とのかかわりがあげられます。

第４週　金曜日　Friday　　答え ③五（五穀豊穣）

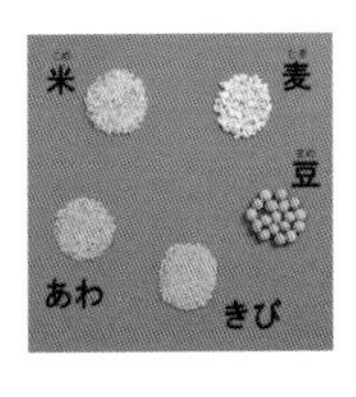

答え　③五

五穀豊穣

解説 穀物が豊かに実ることをあらわした四字熟語です。五穀とは、米、麦、豆、あわ、きび（ひえの場合もあります）のことをいいます。豊穣とは豊かに実ることです。

日本各地には、五穀豊穣を願った祭りなどが受け継がれていて、11月23日には収穫物に感謝する新嘗祭も行われます。

11月 November 第5週

11月第5週

月曜日

Monday

重さが100gの野菜はどれかな？

①きゅうり1本　②ピーマン1個　③トマト1個

11月第5週

火曜日

Tuesday

日本でいちばん多くあんこうをとっているのはどこ？

①山口県　②和歌山県　③茨城県

11月第5週

水曜日

Wednesday

日本がいちばん多くバターを輸入している国は？

①オランダ　②フランス　③ニュージーランド

11月第5週

木曜日

Thursday

秋田県の郷土料理、「きりたんぽ」。
何からつくられているのかな？

①ちくわ　②ごはん　③もち

11月第5週

金曜日

Friday

日本でいちばん多く干ししいたけをつくっているのはどこ？

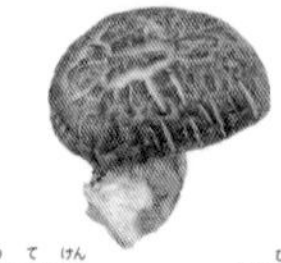

①岩手県　②兵庫県　③大分県

第5週　月曜日　Monday　　答え ①きゅうり1本

答え　①きゅうり1本

解説 野菜1つ当たりの重さは大きさによっても違いがありますが、きゅうり1本は約100g、ピーマン1個は約35g、トマト1個は約150gです。ほかにも、にんじん1本は約150g、レタス1枚は約30gです。1日にとりたい野菜の量は350gなので、自分が毎日どのくらい食べているのかを確かめましょう。

第5週　火曜日　Tuesday　　答え ①山口県

答え　①山口県

解説 山口県は中国地方にあり、都道府県庁所在地は山口市です。面積は約6,113㎢です。

令和2年の山口県（下関漁港）のあんこうの漁獲量は日本一で、592トンです。あんこうは、体長1.5mを超えるような大きな魚で、鍋物や汁物、から揚げなどにして食べられています。

第5週　水曜日　Wednesday　　答え ③ニュージーランド

答え　③ニュージーランド

解説 2020年の貿易統計では、バターはニュージーランドからの輸入がいちばん多く、約10,455トンです。バター全体の日本への輸入量の約54.3%（金額ベース）を占めています。

ニュージーランドの首都はウェリントンです。面積は270,534㎢で日本の約3/4です。

第5週　木曜日　Thursday　　答え ②ごはん

答え　②ごはん

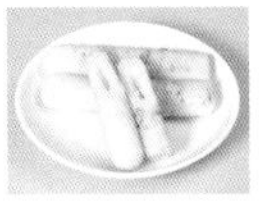

きりたんぽ

解説 きりたんぽは、秋田県の大館や鹿角地区が発祥といわれています。昔、山で木を切ったり、炭を焼いたり、狩りをしたりする人が、杉の木にごはんを巻きつけて焼き、鍋に入れて食べたのが始まりといいます。きりたんぽの形は「たんぽ」という槍（やり）の刃を覆う部分に似ているからこう呼ばれているそうです。

第5週　金曜日　Friday　　答え ③大分県

答え　③大分県

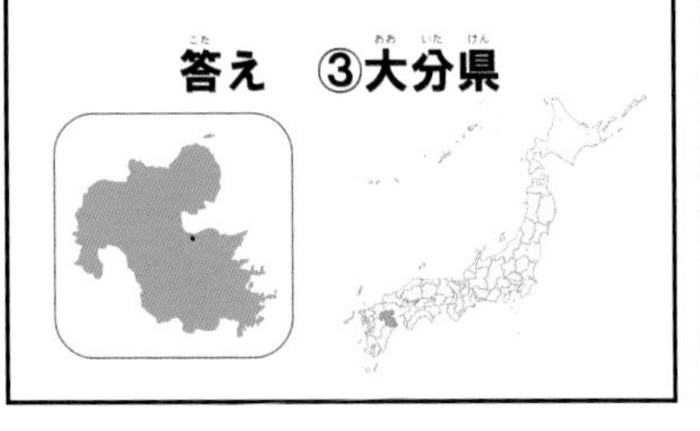

解説 大分県は九州地方にあり、都道府県庁所在地は大分市です。面積は約6,341㎢です。令和2年の大分県の干ししいたけ（原木栽培）の生産量は日本一で、約914トンです。干ししいたけは、うまみが多くビタミンDも豊富です。大分県以外では、宮崎県なども生産量が多いところです。

11月のクイズ一覧

週	曜日	クイズ一覧	クイズ内容
第1週	月	大豆はいろいろな食べ物にすがたをかえます。?に当てはまる食べ物は何かな?	教科書(国語)に出てくる食べ物
	火	日本でいちばん多くりんごをつくっているのはどこ?	りんごの収穫量　青森県
	水	ブロッコリーはおもにどこを食べているのかな?	ブロッコリー
	木	地域でとれた旬の食べ物を選ぶよさは何でしょう?	地産地消
	金	魚のあぶらはどっちかな?	肉のあぶら　魚のあぶら
第2週	月	日本でいちばん多くこんにゃくいもをつくっているのはどこ?	こんにゃくいもの収穫量　群馬県
	火	弥生時代の卑弥呼の食事を再現してみました。何回くらいかんでいるのかな?	卑弥呼の食事
	水	京都府の漬物で聖護院かぶを薄切りにして漬けた「□枚漬け」。□に入る数は何かな?	郷土料理　千枚漬け
	木	大豆の自給率はどのくらいかな?	大豆の自給率
	金	日本がいちばん多くプロセスチーズを輸入している国は?	プロセスチーズの輸入量　フランス
第3週	月	わたしはだれでしょう?	ごぼう
	火	豆腐は何と数えるかな?	豆腐の数え方
	水	将来、生活習慣病になりやすいのはどっち?	生活習慣病予防
	木	日本でいちばん多くレモンをつくっているのはどこ?	レモンの収穫量　広島県
	金	さといもは、日本でいつから食べられているのかな?	さといも
第4週	月	これは何の花?	かき
	火	わたしはだれでしょう?	だし
	水	○×クイズ　いただきますには、動植物の命をいただくことへの感謝の気持ちが込められている	食事のあいさつ
	木	2013年にユネスコ無形文化遺産に登録されたものは何でしょう?	和食
	金	□穀豊穣　穀物がよく実ること。□に入る言葉は何かな?	四字熟語　五穀豊穣
第5週	月	重さが100gの野菜はどれかな?	野菜の重さ
	火	日本でいちばん多くあんこうをとっているのはどこ?	あんこうの漁獲量　山口県
	水	日本がいちばん多くバターを輸入している国は?	バターの輸入量　ニュージーランド
	木	秋田県の郷土料理、「きりたんぽ」。何からつくられているのかな?	郷土料理　きりたんぽ
	金	日本でいちばん多く干ししいたけをつくっているのはどこ?	干ししいたけの生産量　大分県

12月

12月 December 第１週

12月第１週 **月曜日** Monday	**日本でいちばん多くみかんをつくっているのはどこ？** 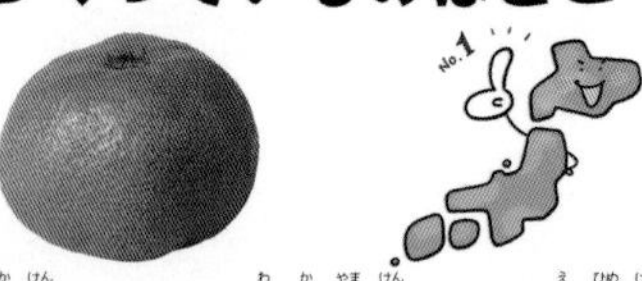 ①静岡県　②和歌山県　③愛媛県
12月第１週 **火曜日** Tuesday	**わたしはだれでしょう？**  ①ほたてがい　②しじみ　③はまぐり
12月第１週 **水曜日** Wednesday	ほうれんそうは、夏よりも冬に収穫した方がビタミンCが豊富です。 冬の方が何倍ビタミンCが多いでしょう？ ①2倍　②3倍　③4倍
12月第１週 **木曜日** Thursday	神奈川県にある建長寺が発祥といわれている汁物は何かな？  ①けんちん汁　②さつま汁　③だんご汁
12月第１週 **金曜日** Friday	**これは何の花？**  ①ねぎ ②だいこん ③こまつな

12月

第１週　月曜日　Monday　　　　答え ②和歌山県

解説　和歌山県は近畿地方にあり都道府県庁所在地は和歌山市です。面積は約4,725㎢です。令和２年の和歌山県のみかんの収穫量は日本一で、167,100トンです。みかんは、ビタミンＣが豊富で、皮をむくだけで手軽に食べられる果物です。和歌山県以外では、静岡県や愛媛県も収穫量が多いところです。

第１週　火曜日　Tuesday　　　　答え ①ほたてがい

答え　①ほたてがい

解説　ほたてがいは、カキ目イタヤガイ科の貝です。たんぱく質が多くて脂質が少なく、鉄、亜鉛などの無機質も含んでいます。また、体の中でコレステロールの吸収を抑えるタウリンが含まれています。また、うまみ成分が多く、干したものは、水で戻してだしにも使われています。

第１週　水曜日　Wednesday　　　　答え ②３倍

答え　②３倍

解説　ほうれんそうは冬が旬の野菜です。カロテンやビタミンＣ、鉄、マグネシウムなどが豊富に含まれています。収穫した時期で栄養成分をくらべてみると、ビタミンＣの量だけは、夏より冬に収穫した方が３倍も増えています。

冬においしく栄養価も高くなるほうれんそうを食べましょう。

第１週　木曜日　Thursday　　　　答え ①けんちん汁

答え ①けんちん汁

解説　けんちん汁は、神奈川県鎌倉市にある建長寺の開山和尚（蘭渓道隆）によって中国から伝えられたといい、野菜を油で炒め、くずした豆腐を汁に入れてしょうゆで味つけします。くずした豆腐を入れるのは、昔、修行僧が豆腐を落としてしまい、それを和尚が丁寧に拾って入れたため、といわれています。

第１週　金曜日　Friday　　　　答え ①ねぎ

答え　①ねぎ

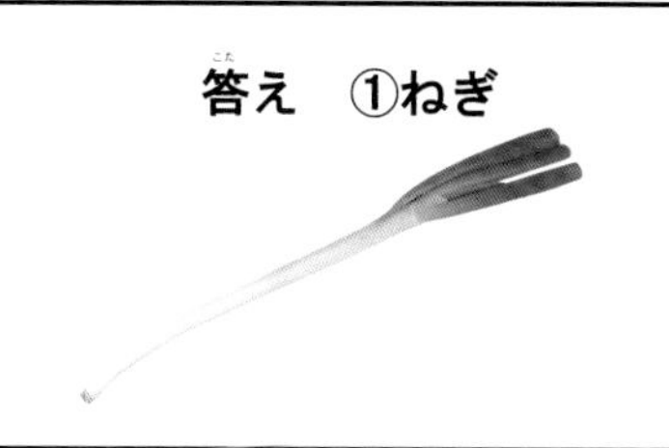

解説　ねぎは、ユリ科ネギ属の野菜です。ねぎを収穫せずにそのままにしておくと、ねぎ坊主と呼ばれる小さなつぼみがたくさん集まったものが伸びてきて、その後、花が咲きます。ねぎの辛みは硫化アリルという抗酸化作用の強い成分で、ビタミンB_1と一緒にとると、疲労回復に効果があるといわれています。

12月 December 第２週

12月第２週

月曜日
Monday

日本がいちばん多くさけやますを輸入している国は？

①チリ　②ロシア　③ノルウェー

12月第２週

火曜日
Tuesday

わたしはだれでしょう？

①なす　②だいこん　③かぶ

12月第２週

水曜日
Wednesday

〇×クイズ

手洗い・うがいをきちんとして、肉をいっぱい食べているからかぜはひかない

12月第２週

木曜日
Thursday

ウソ？　ホント？　**本当のことをいっているのはどっち？**

こまつなの名前の由来は

こまのように回りながら育つから

小松川という地名から

①サル　②カラス

12月第２週

金曜日
Friday

魚へんの漢字クイズです
何かわかるかな？

鰤

①さけ　②ぶり　③いさき

12月

第２週　月曜日　Monday　　答え ①チリ

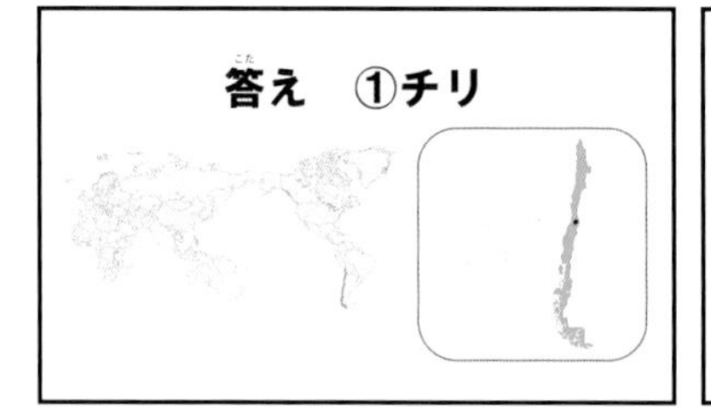

解説 2020年の貿易統計では、さけ・ますはチリからの輸入がいちばん多く、約167,368トンです。さけ・ます全体の日本への輸入量の約60.5%（金額ベース）を占めています。

チリ（チリ共和国）の首都はサンティアゴです。面積は756,000㎢で日本の約２倍です。

第２週　火曜日　Tuesday　　答え ②だいこん

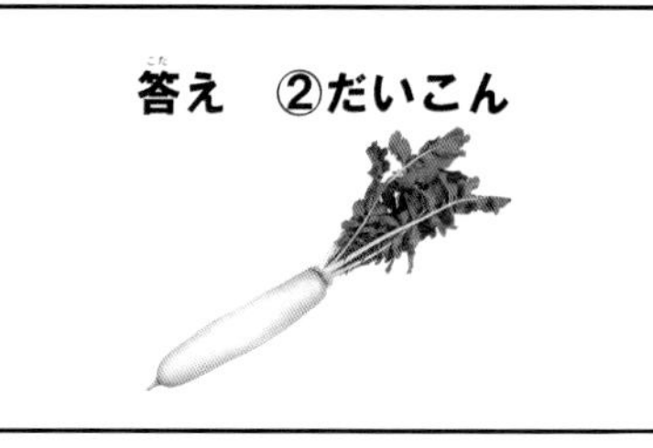

解説 だいこんは大昔から食べられていて、日本各地に色や大きさ、形が違うさまざまな品種が栽培されています。七草がゆには「すずしろ」として用いられています。また、古くは「おおね」と呼ばれていました。だいこんはビタミンCが多く、葉にはカロテンやカルシウムも豊富です。

第２週　水曜日　Wednesday　　答え ×

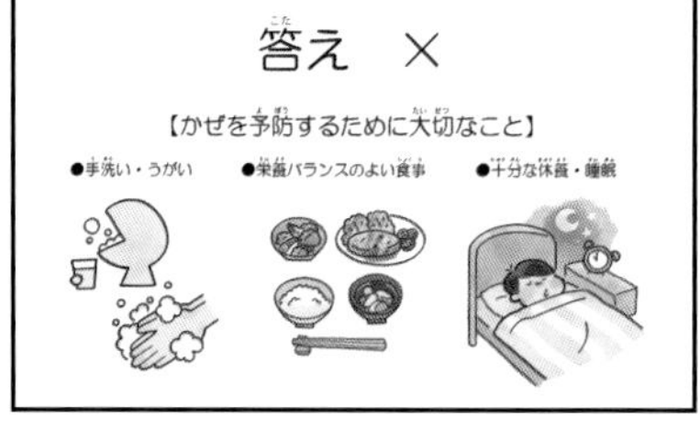

解説 気温や湿度が低い冬は、かぜやインフルエンザが流行します。かぜを防ぐためには、手洗い・うがいをきちんとします。また、栄養バランスのよい食事も大切で、主食のごはんなどに、肉や魚などのたんぱく質の多いおかずやビタミンの多い野菜のおかずをしっかりとります。また休養や適度な運動も大切です。

第２週　木曜日　Thursday　　答え ②カラス

解説 こまつなは、東京都江戸川区小松川あたりでたくさん栽培されていたからその名がついたといいます。また、江戸時代に将軍が命名したという説もあります。

こまつなはカルシウムやカロテンがとても多く含まれていて、体の調子をととのえてくれる野菜です。

第２週　金曜日　Friday　　答え ②ぶり

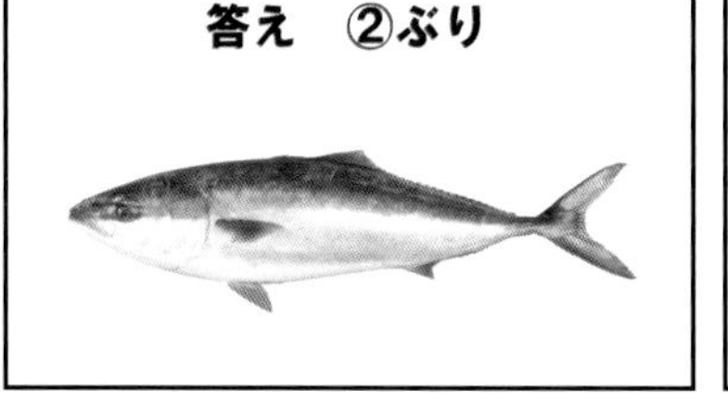

解説 ぶりは、あぶらが多いから、名がついたという説や、魚へんに「師」と書くのは師走の頃においしいからという説などがあります。ぶりはたんぱく質、脂質、鉄が豊富で、特に体によい働きをする脂質、DHAやIPA（EPA）がたくさん含まれています。刺身、煮魚、焼き魚、鍋物などで食べられています。

12月 December 第３週

12月第３週

月曜日
Monday

これは何の花？

①みつば
②チンゲンサイ
③しゅんぎく

12月第３週

火曜日
Tuesday

関西ではおもに緑、関東ではおもに白を使うことが多い野菜は何？

①ねぎ　②アスパラガス

12月第３週

水曜日
Wednesday

わたしはだれでしょう？

海の中で育ちます
長いものだと、10m以上になります
「ひろめ」とも呼ばれています

①わかめ　②ひじき　③こんぶ

12月第３週

木曜日
Thursday

日本でいちばん多くゆずをつくっているのはどこ？

①高知県　②三重県　③島根県

12月第３週

金曜日
Friday

□は□屋

□は□屋がつくったものがおいしいことから、専門家に任せるのがいいというたとえ。□に入る言葉は何かな？

①餅　②豆腐　③納豆

12月

第3週 月曜日 Monday 答え ③しゅんぎく

解説 しゅんぎくは、キク科キク属の野菜です。春に菊のような花が咲くので「春菊」という名がついたといわれています。「菊菜」とも呼ばれていますが、地域によって食べられている品種が違います。

しゅんぎくはカルシウムや鉄、カロテンがとても豊富です。

第3週 火曜日 Tuesday 答え ①ねぎ

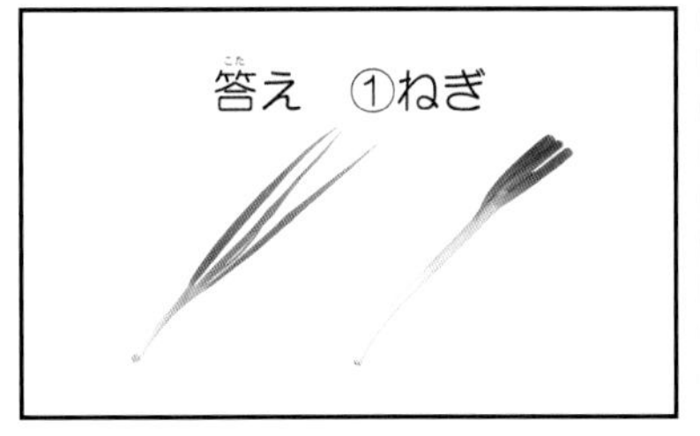

解説 ねぎには、白い部分が多い根深ねぎや、緑の部分が多い葉ねぎがあります。根深ねぎは、千住ねぎ、下仁田ねぎなどの品種があり、関東で多く食べられています。また、葉ねぎは京都で古くから栽培されている九条ねぎなど、関西で多く食べられています。ほかにも、日本各地でさまざまなねぎが栽培されています。

第3週 水曜日 Wednesday 答え ③こんぶ

解説 こんぶは、まこんぶ、りしりこんぶなどの種類があり、長いものでは10m以上に育ちます。ひろめ（広布）とも呼ばれ、「よろこぶ」にかけて縁起物として、お祝いの席や正月の鏡もちなどに用いられています。こんぶはグルタミン酸などのうまみ成分が豊富で、よいだしがとれます。

第3週 木曜日 Thursday 答え ①高知県

解説 高知県は四国地方にあり、都道府県庁所在地は高知市です。面積は約7,103㎢です。平成30年の高知県のゆずの収穫量は日本一で、約11,663トンです。ゆずは、さわやかな香りや酸味が特徴で、クエン酸などには疲労回復効果があります。高知県以外では、徳島県や愛媛県も収穫量が多いところです。

第3週 金曜日 Friday 答え ①餅（餅は餅屋）

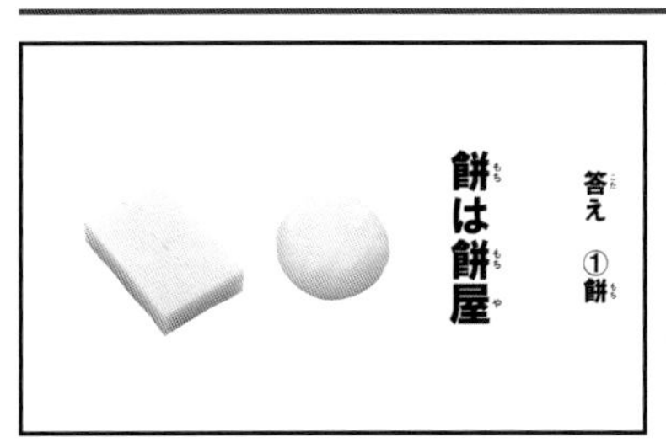

解説 物事はそれぞれの専門家に任せるのがよいというたとえ。餅は餅屋がついたものがおいしいということから。

餅の起源は古く、稲の伝来と共に伝わったと考えられます。餅はハレの日の重要な食べ物で、江戸時代頃にはすでに餅屋という商売があったようです。

12月 December 第4週

12月第４週

月曜日

Monday

石川県の郷土料理、「〇〇煮」。この名前の由来の一つに、「〇〇〇〇煮るから」があります。
〇〇の言葉は何かな？

①ぐつ　②こと　③じぶ

12月第４週

火曜日

Tuesday

半分に切ってみたよ！
何の果物かな？

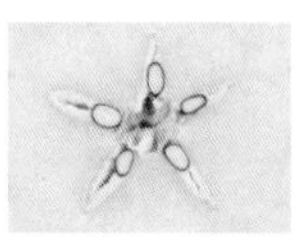

①なし　②バナナ　③りんご

12月第４週

水曜日

Wednesday

これは何の花？

①ブロッコリー
②ごぼう
③れんこん

12月第４週

木曜日

Thursday

冬至にはどうしてかぼちゃを食べるの？

①病気を防ぐため
②冬が旬だから
③かぼちゃをくり抜いてランプにするから

12月第４週

金曜日

Friday

「もうすぐ冬休みです。牛飲馬食をしないで、規則正しい生活をしましょう」とお昼の放送がありました。
「牛飲馬食」とは何でしょう？

①牛や馬のように、たくさん食べること

②牛肉や馬肉を食べること

第4週　月曜日　Monday　　　答え ③じぶ

答え　③じぶ

じぶ煮

解説　石川県の郷土料理「じぶ煮」は、鴨肉に小麦粉をまぶして、野菜、麩などと一緒にだしで煮たもので、江戸時代から食べられています。名前の由来はいくつかあり、煮る時に「じぶじぶ」という音を立てて煮るからという説や、岡部治部右衛門が伝えたからという説などがあります。

第4週　火曜日　Tuesday　　　答え ③りんご

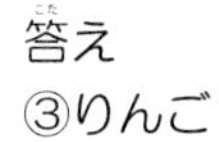

解説　りんごは、世界で古くから栽培されていて、紀元前数千年頃から食べられているといいます。りんごは炭水化物（ショ糖や果糖）や、水溶性の食物繊維ペクチンが豊富で、疲労回復に役立つリンゴ酸も含まれています。また、ポリフェノールも豊富なため、生活習慣病の予防にも役立つといわれています。

第4週　水曜日　Wednesday　　　答え ②ごぼう

答え　②ごぼう

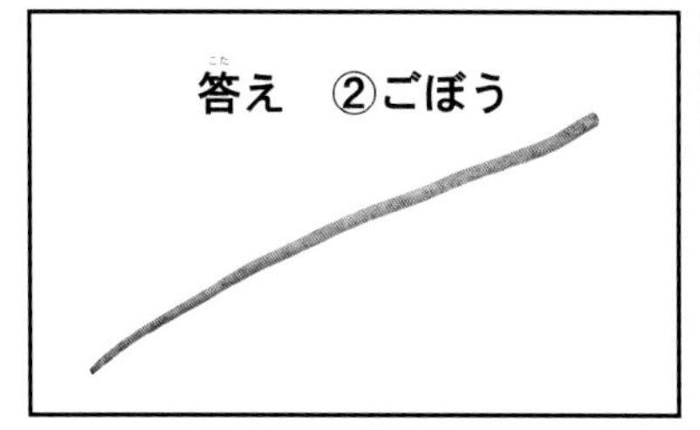

解説　ごぼうはキク科ゴボウ属で、根を食べる根菜です。細長い根が特徴ですが、品種によっては太くて短い品種もあります。ごぼうは食物繊維が豊富で腸内環境をととのえ、便秘予防に役立ちます。ポリフェノールも多く、抗酸化作用があります。正月のおせち料理の「たたきごぼう」は昔から食べられています。

第4週　木曜日　Thursday　　　答え ①病気を防ぐため

答え　①病気を防ぐため

解説　冬至は１年の中で昼がいちばん短く、夜がもっとも長い日で、かぼちゃを食べ、ゆず湯に入ります。かぼちゃは中風という病気を防ぎ、ゆず湯はかぜをひかないといいます。また「ん」のつく食べ物を食べると幸運になるといわれ、かぼちゃ（なんきん）のほかにも、れんこん、ぎんなんなどがあります。

第4週　金曜日　Friday　　　答え ①牛や馬のように、たくさん食べること（牛飲馬食）

解説　大量の飲食物を猛烈な勢いで食べるたとえ。同じようなことわざで「鯨飲馬食」という言葉もあります。冬休みは食べ過ぎに注意して、規則正しく三食をとりましょう。

12月

12月のクイズ一覧

週	曜日	クイズ一覧	クイズ内容
第1週	月	日本でいちばん多くみかんをつくっているのはどこ？	みかんの収穫量　和歌山県
	火	わたしはだれでしょう？	ほたてがい
	水	ほうれんそうは、夏よりも冬に収穫した方がビタミンCが豊富です。冬の方が何倍ビタミンCが多いでしょう？	ほうれんそうの栄養価
	木	神奈川県にある建長寺が発祥といわれている汁物は何かな？	郷土料理　けんちん汁
	金	これは何の花？	ねぎ
第2週	月	日本がいちばん多くさけやますを輸入している国は？	さけ・ますの輸入量　チリ
	火	わたしはだれでしょう？	だいこん
	水	○×クイズ　手洗い・うがいをきちんとして、肉をいっぱい食べているからかぜはひかない	かぜ予防
	木	本当のことをいっているのはどっち？	こまつな
	金	魚へんの漢字クイズです　何かわかるかな？	ぶり
第3週	月	これは何の花？	しゅんぎく
	火	関西ではおもに緑、関東ではおもに白を使うことが多い野菜は何？	ねぎ
	水	わたしはだれでしょう？	こんぶ
	木	日本でいちばん多くゆずをつくっているのはどこ？	ゆずの収穫量　高知県
	金	□は□屋　□は□屋がつくったものがおいしいことから、専門家に任せるのがいいというたとえ。□に入る言葉は何かな？	ことわざ　餅は餅屋
第4週	月	石川県の郷土料理、「○○煮」。この名前の由来の一つに、「○○○○煮るから」があります。○○の言葉は何かな？	郷土料理　じぶ煮
	火	半分に切ってみたよ！　何の果物かな？	りんご
	水	これは何の花？	ごぼう
	木	冬至にはどうしてかぼちゃを食べるの？	行事食　冬至　かぼちゃ
	金	「もうすぐ冬休みです。牛飲馬食をしないで、規則正しい生活をしましょう」とお昼の放送がありました。「牛飲馬食」とは何でしょう？	ことわざ　牛飲馬食

1月

1月 January 第2週

1月第2週

月曜日

Monday

○×クイズ

雑煮は地域や家庭などによって、入れるもちも味も違う

1月第2週

火曜日

Tuesday

おせち料理に入っている子孫繁栄を願って食べる魚の卵は？

①いくら

②とびこ

③かずのこ

1月第2週

水曜日

Wednesday

七草がゆに入っているすずなとすずしろ。正しい組み合わせはどれかな？

①なのはなとこまつな

②かぶとだいこん

③ねぎとにら

1月第2週

木曜日

Thursday

ほかの地域では夏に食べることが多い菓子。福井県では冬によく食べられるものは何かな？

①かき氷　②水ようかん　③アイスクリーム

1月第2週

金曜日

Friday

福島県の郷土料理「こづゆ」は、ある海産物でだしをとっています。何でしょう？

①こんぶ

②煮干し

③ほたての干し貝柱

1月

第2週　月曜日　Monday　　答え ○

答え　○

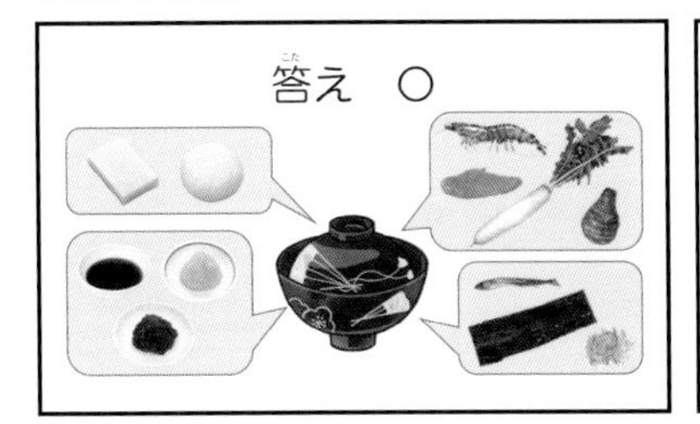

解説　雑煮は、地域や家庭などによってさまざまです。もちは角もち、丸もち、あんこが入ったもちもあります。味はしょうゆ味のすまし汁や白みそ仕立て、小豆雑煮などがあり、中に入れる食材も、だいこん、さといも、青菜、さけ、ぶり、えびなど、それぞれの地域でとれる野菜や魚介などが使われています。

第2週　火曜日　Tuesday　　答え ③かずのこ

答え　③かずのこ

解説　正月に食べるおせち料理には、さまざまな意味が込められています。かずのこは、にしんの卵で、数が多いため子孫繁栄で縁起がよいといわれています。ほかにも、黒豆はまめで健康に暮らせるように、田づくりは五穀豊穣を、えびは長寿を願って食べられています。

第2週　水曜日　Wednesday　　答え ②かぶとだいこん

答え　②かぶとだいこん

解説　1月7日の朝に、春の七草が入ったおかゆを食べて、1年の健康を願う行事を七草といいます。

春の七草とは、せり、なずな、ごぎょう、はこべら、ほとけのざ、すずな、すずしろです。すずなは「かぶ」、すずしろは「だいこん」の古い名前です。

第2週　木曜日　Thursday　　答え ②水ようかん

答え　②水ようかん

解説　一般的には夏によく食べられる水ようかんですが、福井県では寒い冬の季節によく食べられています。江戸時代、丁稚奉公（商家などに住み込みで働く年少者）をしていた人が、年末に帰省する時に、持ち帰ったようかんを水でのばして水ようかん状にしてつくり直したのが始まりという説があります。

第2週　金曜日　Friday　　答え ③ほたての干し貝柱

答え　③ほたての干し貝柱

こづゆ

解説　こづゆは福島県の会津地方の郷土料理で、ほたての干し貝柱でだしをとり、さといも、にんじん、しいたけ、豆麩などが入っています。冠婚葬祭や正月などで食べられ、何度でもおかわりをしてよいという習慣があります。また、食材は七つや九つなどの奇数となるようにするのが習わしといいます。

1月 January 第3週

1月第3週

月曜日
Monday

わたしはだれでしょう？

①ほうれんそう　②はくさい　③にら

1月第3週

火曜日
Tuesday

腸（小腸＆大腸）の長さと黒板の横の長さ、どっちが長いかな？

①腸の方が長い　②黒板の方が長い　③同じくらい

1月第3週

水曜日
Wednesday

魚へんの漢字クイズです
何かわかるかな？

鱈

①たら　②ほっけ　③まぐろ

1月第3週

木曜日
Thursday

ふだんから少し多めに食品を買い、食べたら買い足して、自然と食料の備蓄ができる方法を何という？

①ローリングストック　②フードロス

1月第3週

金曜日
Friday

日本でいちばん多くれんこんをつくっているのはどこ？

①秋田県　②茨城県　③山口県

1月

第３週　月曜日　Monday　　答え ②はくさい

答え　②はくさい

解説　はくさいは、冬が旬の野菜で水分が多く、鍋物や炒め物、煮物などで食べられています。また、はくさい漬けやキムチなどの漬物の材料にも多く用いられています。

はくさいには、カリウムや食物繊維が含まれていて、うまみ成分のグルタミン酸が豊富です。

第３週　火曜日　Tuesday　　答え ①腸の方が長い

答え　①腸の方が長い

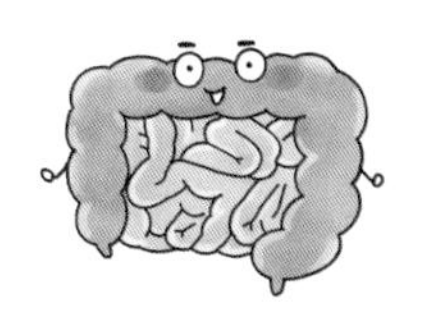

解説　小腸の長さは約６ｍ、大腸の長さは約1.5ｍで、合計約7.5ｍになります。一方、一般的な黒板の横の長さは、3.6ｍくらいのものが多く使われています。小腸の中にはたくさんのひだがあり、栄養を吸収しています。大腸には多くの腸内細菌がすんでいて、バランスをとりながら健康に影響しています。

第３週　水曜日　Wednesday　　答え ①たら

答え　①たら

解説　たらは、魚へんに「雪」と書きます。これは、身が雪のように白く、腹が白いからといわれています。

写真は「まだら」で、淡白な味わいが特徴です。汁物や鍋物、焼き魚などで食べられています。たらの卵の「たらこ」は、「すけとうだら」の卵巣です。

第３週　木曜日　Thursday　　答え ①ローリングストック

答え　①ローリングストック

解説　ローリングストックとは、ふだんから食品を少し多めに買い置きしておき、賞味期限を考えながら古いものから食べて、食べた分だけ買い足していく方法です。

この方法を行うことにより、常に一定の量、家族で食べ慣れている食品を無理なく備蓄することができます。

第３週　金曜日　Friday　　答え ②茨城県

答え　②茨城県

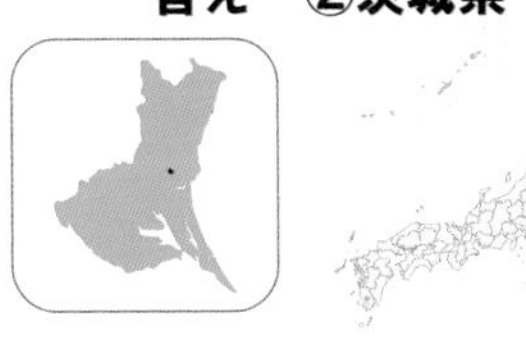

解説　茨城県は関東地方にあり、都道府県庁所在地は水戸市です。面積は約6,098㎢です。

令和２年の茨城県のれんこんの収穫量は日本一で、28,600トンです。れんこんは、炭水化物やビタミンＣが多く含まれています。茨城県以外では、佐賀県や徳島県などでも収穫されています。

1月 January 第4週

1月第4週

月曜日

Monday

日本で給食が始まったのはいつでしょう？

①明治時代　②大正時代　③昭和時代

1月第4週

火曜日

Tuesday

これは何の花？

①もも
②みかん
③ぶどう

1月第4週

水曜日

Wednesday

弥生時代の遺跡から［　　　］が見つかっています。平安時代には、屯食とも呼ばれていた［　　　］は何でしょう？

①梅干し　②おにぎり　③みそ

1月第4週

木曜日

Thursday

日本でいちばん多くしじみをとっているのはどこ？

①青森県　②福井県　③島根県

1月第4週

金曜日

Friday

1970年代頃まで、竜田揚げなどの献立で給食で食べられていた海の生き物は何かな？

①あざらし　②さめ　③くじら

1月

第４週　月曜日　Monday　　答え ①明治時代

答え　①明治時代

解説　日本の学校給食は、明治22年に山形県鶴岡町の私立忠愛小学校で、生活が苦しい子どもたちに昼食を出したのが始まりといわれています。当時の給食は、おにぎり、塩さけ、菜の漬物などだったそうです。１月24日から30日は全国学校給食週間です。学校給食の歴史をふり返ってみましょう。

第４週　火曜日　Tuesday　　答え ②みかん

答え　②みかん

解説　みかん（うんしゅうみかん）は、ミカン科ミカン属です。うんしゅうみかんは、中国から伝わった柑橘類から、偶然に日本で生まれたといわれています。みかんにはビタミンＣが豊富に含まれています。また、黄色の色素成分には、生活習慣病を予防して、骨の健康に役立つ働きがあるといわれています。

第４週　水曜日　Wednesday　　答え ②おにぎり

答え　②おにぎり

解説　石川県の杉谷チャノバタケ遺跡で、「チマキ状炭化米塊」が出土しています。このような、炭化米塊（おにぎり）は弥生時代の遺跡から多く出土しています。平安時代には、宮中の宴席で下働きの人用に、強飯（もち米を蒸したもの）を卵形にかためた屯食（おにぎり）を与えたといわれています。

第４週　木曜日　Thursday　　答え ③島根県

答え　③島根県

解説　島根県は中国地方にあり、都道府県庁所在地は松江市です。面積は約6,708㎢です。令和２年の島根県のしじみの漁獲量は日本一で、4,039トンです。しじみは、アミノ酸が豊富で、うまみ成分も多く含まれています。島根県以外では、青森県や茨城県も漁獲量の多いところです。

第４週　金曜日　Friday　　答え ③くじら

答え　③くじら

解説　第二次世界大戦後、学校給食が再開されて脱脂粉乳などと共に、くじらの肉を使った料理（くじらの竜田揚げなど）が出るようになりました。昭和22年の学校給食用物資を見ると、くじらの肉は一人一回30gくらいが配給されていると記されています。現在でも食文化の継承等で給食に出る学校があります。

1月 January 第5週

1月第5週 月曜日 Monday

わたしはだれでしょう？

①こまつな　②キャベツ　③みずな

1月第5週 火曜日 Tuesday

日本でいちばん多くのりを養殖しているのはどこ？

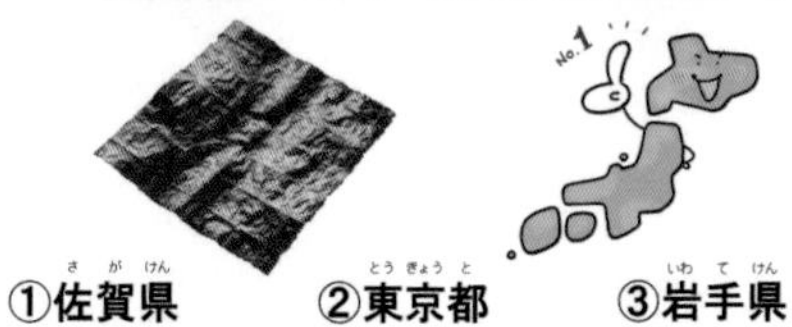

①佐賀県　②東京都　③岩手県

1月第5週 水曜日 Wednesday

医□同源

□に入る言葉は何かな？

①徳　②知　③食

1月第5週 木曜日 Thursday

○×クイズ

テストの前の日は遅くまで勉強して、夜食を食べた方がよい

1月第5週 金曜日 Friday

江戸時代の料理書『豆腐百珍』に出てくる「雷豆腐」はどんな豆腐料理かな？

①雷に当ててつくる料理　②ごま油で豆腐を炒めた料理

第５週　月曜日　Monday　　　　答え ③みずな

答え　③みずな

解説 みずなは、古くから京都で栽培されていた野菜で、京菜とも呼ばれています。みずなは、カルシウムや鉄、カロテン、ビタミンCが豊富な野菜です。鍋物や炒め物などでもおいしく食べられますが、サラダなどで生のまま食べると、栄養成分をそのままとることができます。

第５週　火曜日　Tuesday　　　　答え ①佐賀県

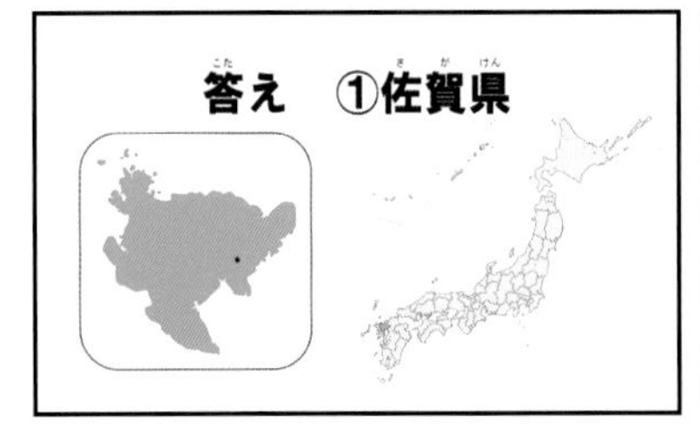

解説 佐賀県は九州地方にあり、都道府県庁所在地は佐賀市です。面積は約2,441㎢です。令和２年の佐賀県の、のりの収穫量は日本一で、75,027トンです。のりは、板状にした板のりや、お好み焼きなどに使う青のりなど、いろいろな種類があります。佐賀県以外では、兵庫県も収穫量の多いところです。

第５週　水曜日　Wednesday　　　答え ③食

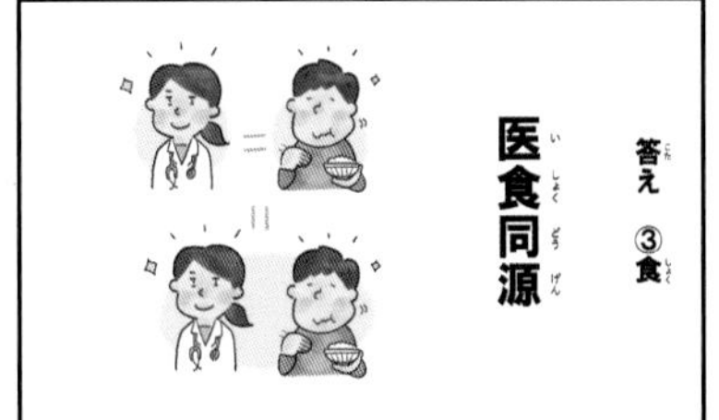

解説 病気を治すことも、食事をすることも、命を養い健康を保つためであり、同じであるということ。

　これは、中国より伝わった考え方で、医療も食も人間の命を養い、健康を守るものであることをあらわしています。

第５週　木曜日　Thursday　　　　答え ×

答え　×

解説 睡眠は、体や脳を休ませて疲労の回復をはかり、脳の中では記憶の整理や定着が行われ、成長ホルモンが活発につくられています。また、遅い時間の食事は太る原因にもなります。

　早寝早起きをしてしっかり睡眠をとることで、勉強した内容を忘れにくくなり、テストでも力を発揮することができます。

第５週　金曜日　Friday　　　　答え ②ごま油で豆腐を炒めた料理

答え　②ごま油で豆腐を炒めた料理

解説 江戸時代の天明２年（1782年）、『豆腐百珍』という豆腐を使った料理100品のつくり方が書かれた料理書が刊行されました。この中の「雷豆腐」という料理は、鍋にごま油を熱して、手でくずしながら豆腐を入れて炒め、しょうゆで味をととのえたものです。

1月のクイズ一覧

週	曜日	クイズ一覧	クイズ内容
第2週	月	○×クイズ　雑煮は地域や家庭などによって、入れるもちも味も違う	行事食　雑煮
	火	おせち料理に入っている子孫繁栄を願って食べる魚の卵は？	行事食　おせち料理
	水	七草がゆに入っているすずなとすずしろ。正しい組み合わせはどれかな？	行事食　七草がゆ
	木	ほかの地域では夏に食べることが多い菓子。福井県では冬によく食べられるものは何かな？	水ようかん
	金	福島県の郷土料理「こづゆ」は、ある海産物でだしをとっています。何でしょう？	郷土料理　こづゆ
第3週	月	わたしはだれでしょう？	はくさい
	火	腸（小腸＆大腸）の長さと黒板の横の長さ、どっちが長いかな？	腸の長さと働き
	水	魚へんの漢字クイズです　何かわかるかな？	たら
	木	ふだんから少し多めに食品を買い、食べたら買い足して、自然と食料の備蓄ができる方法を何という？	ローリングストック　備蓄食料
	金	日本でいちばん多くれんこんをつくっているのはどこ？	れんこんの収穫量　茨城県
第4週	月	日本で給食が始まったのはいつでしょう？	全国学校給食週間　給食の歴史
	火	これは何の花？	みかん
	水	弥生時代の遺跡から□が見つかっています。平安時代には、屯食とも呼ばれていた□は何でしょう？	おにぎりの歴史
	木	日本でいちばん多くしじみをとっているのはどこ？	しじみの漁獲量　島根県
	金	1970年代頃まで、竜田揚げなどの献立で給食で食べられていた海の生き物は何かな？	学校給食　くじら
第5週	月	わたしはだれでしょう？	みずな
	火	日本でいちばん多くのりを養殖しているのはどこ？	のりの収穫量　佐賀県
	水	医□同源　□に入る言葉は何かな？	四字熟語　医食同源
	木	○×クイズ　テストの前の日は遅くまで勉強して、夜食を食べた方がよい	睡眠の大切さ
	金	江戸時代の料理書『豆腐百珍』に出てくる「雷豆腐」はどんな豆腐料理かな？	『豆腐百珍』の豆腐料理

2月

2月 February 第1週

2月第1週

月曜日

Monday

日本でいちばん多くホタルイカをとっているのはどこ？

①兵庫県　②鳥取県　③富山県

2月第1週

火曜日

Tuesday

節分では、ある魚の頭をひいらぎの枝に刺して、門口などに立てる風習があります。ある魚とは何でしょう？

①たい　②さけ　③いわし

2月第1週

水曜日

Wednesday

畑の肉といわれている豆は？

①小豆　②えんどう豆　③大豆

2月第1週

木曜日

Thursday

日本でいちばん多くしょうゆをつくっているのはどこ？

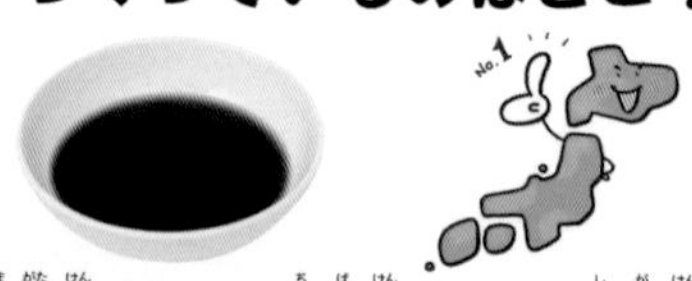

①山形県　②千葉県　③滋賀県

2月第1週

金曜日

Friday

この中で脂質がいちばん多い食べ物はどれかな？

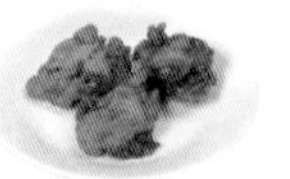

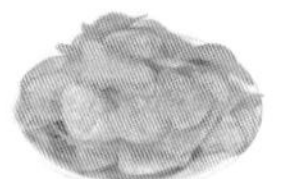

①から揚げ 100g　②揚げせんべい 3枚　③ポテトチップス 60g

第１週　月曜日　Monday　　答え ①兵庫県

解説 兵庫県は近畿地方にあり、都道府県庁所在地は神戸市です。面積は約8,401㎢です。令和２年の兵庫県のホタルイカの漁獲量は日本一で、3,368トンです。ホタルイカは、外敵から身を守るために発光する特徴があります。兵庫県以外では、富山県なども漁獲量の多いところです。

第１週　火曜日　Tuesday　　答え ③いわし

答え　③いわし

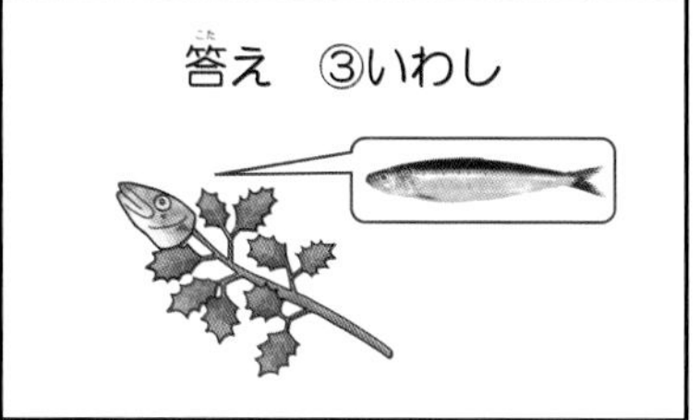

解説 節分とは、季節がかわる節目の日のことです。節分に豆まきをするのは、豆には霊力があるといわれていて、これをまくことで鬼（病気や災い）を追いはらう意味があります。また、いわしの頭をひいらぎの枝に刺したものを「やいかがし」といい、これも鬼をはらうものといわれています。

第１週　水曜日　Wednesday　　答え ③大豆

解説 大豆は、畑の肉と呼ばれるほど、たんぱく質がたくさん含まれています。また、カルシウムや鉄、食物繊維も豊富です。大豆は豆腐や納豆、みそ、しょうゆなどの加工食品も多く、わたしたちの生活に欠かせない食材です。また、節分のいり豆、正月の黒豆など、行事でも重要な豆です。

第１週　木曜日　Thursday　　答え ②千葉県

答え　②千葉県

解説 千葉県は関東地方にあり、都道府県庁所在地は千葉市です。面積は約5,157㎢です。令和元年の千葉県のしょうゆの出荷数量は日本一で220,227kL、出荷金額は421億4600万円です。千葉県は江戸時代からしょうゆの製造が盛んで、野田市や銚子市などで多くのしょうゆがつくられています。

第１週　金曜日　Friday　　答え ③ポテトチップス60g

答え　③ポテトチップス60g

解説 脂質は五大栄養素の一つで、少ない量でエネルギー源となり、細胞膜をつくる働きもあります。油やバター、脂肪の多い肉や魚、生クリームなどに多く含まれています。とり過ぎは肥満などの原因になります。から揚げや揚げせんべい、ポテトチップスにも多く含まれるので、食べ過ぎには気をつけましょう。

2月 February 第2週

2月第2週

月曜日

Monday

どうしてれんこんには穴があるの？

①葉につながっていて酸素を取り入れるため　②穴の中に種が入っているから

2月第2週

火曜日

Tuesday

これは何の花？

①にんじん
②レタス
③だいこん

2月第2週

水曜日

Wednesday

この中で食物繊維がいちばん多い食べ物はどれかな？

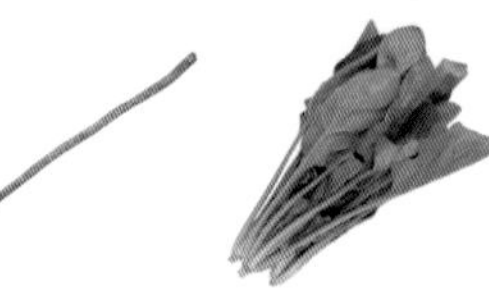

①ごぼう　②ほうれんそう　③レタス

2月第2週

木曜日

Thursday

江戸時代に将軍家に献上され、御公儀の魚とされたことから、漢字で「公魚」と書かれる魚は？

①ぶり　②わかさぎ　③たい

2月第2週

金曜日

Friday

日本でいちばん多くみそをつくっているのはどこ？

①長野県　②愛知県　③福岡県

第2週　月曜日　Monday　　答え ①葉につながっていて酸素を取り入れるため

答え　①葉につながっていて酸素を取り入れるため

解説 れんこんは、はすの地下茎が大きくなったものです。れんこんは葉の中心から空気を取り入れていて、穴は通気孔のような役割をしています。れんこんは穴が開いているので、先が見通せるなどの縁起物として、おせち料理などにも用いられています。炭水化物やビタミンCが多く含まれています。

第2週　火曜日　Tuesday　　答え ③だいこん

答え　③だいこん

解説 だいこんは、アブラナ科アブラナ属の野菜です。大昔から栽培されていて、重さ10kg以上になる桜島だいこんや、長さ1m以上になる守口だいこん、赤や紫色のもの、辛みの強いものなど、各地でさまざまなだいこんが育てられています。葉にはカロテンやカルシウムが豊富なので、一緒に食べましょう。

第2週　水曜日　Wednesday　　答え ①ごぼう

答え　①ごぼう

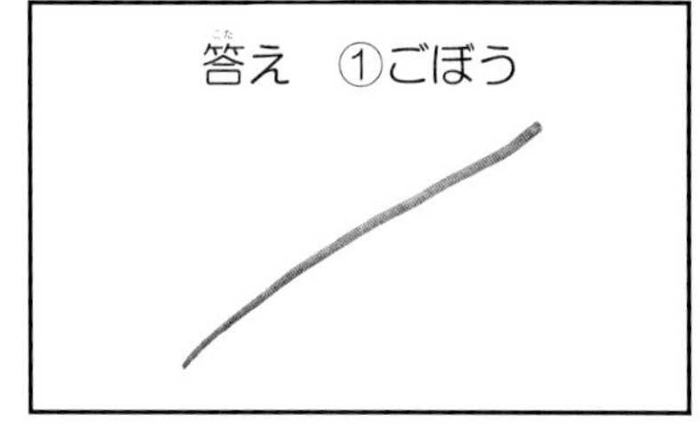

解説 食物繊維は、腸内環境をととのえ、便の量を増やしたり、便秘を予防したりする働きがあります。また、コレステロールの吸収を妨げて、生活習慣病の予防や改善にも役立ちます。食物繊維が多い食品は、ごぼうやブロッコリーなどの野菜、そばや玄米などの穀類、しいたけやえのきたけなどのきのこです。

第2週　木曜日　Thursday　　答え ②わかさぎ

答え　②わかさぎ

解説 わかさぎは、漢字で「公魚」とも書きます。これは、わかさぎを江戸の将軍に献上したところ喜ばれたため、「御公儀の魚」から「公魚」といわれたという説があります。わかさぎはカルシウムがとても多く含まれています。白身で骨もやわらかいため、天ぷらやフライ、甘露煮などで丸ごと食べられます。

第2週　金曜日　Friday　　答え ①長野県

答え　①長野県

解説 長野県は中部地方にあり、都道府県庁所在地は長野市です。面積は約13,562㎢です。令和元年の長野県のみその出荷数量は日本一で217,999トン、出荷金額は700億8400万円です。長野県では大豆、米麹、塩からつくる米みそが生産されています。みそは各地で多くの種類がつくられています。

2月 February 第３週

2月第３週 **月曜日** Monday	**世界でいちばん多くカカオ豆をつくっている国は？**   **①ガーナ　②エクアドル　③コートジボワール**
2月第３週 **火曜日** Tuesday	糖分がいちばん多い飲み物はどれかな？    ①サイダー　②スポーツドリンク　③コーラ
2月第３週 **水曜日** Wednesday	**腹□分に医者いらず** □に入る言葉は何かな？ ①五　②八　③十 
2月第３週 **木曜日** Thursday	**わたしはだれでしょう？**  **①きなこ　②油揚げ　③凍り豆腐**
2月第３週 **金曜日** Friday	だいこん100gを日光に当てて、切り干しだいこんにしてみたよ。何gになるかな？  ①10g以下　②40g　③70g

2月

第3週 月曜日 Monday　　答え ③コートジボワール

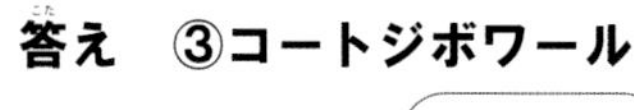

解説 2019年のカカオ豆の生産量が、世界でいちばん多かったのはコートジボワールで、約2,180,000トンです。

コートジボワール（コートジボワール共和国）の首都はヤムスクロです。面積は322,436㎢で日本の約9/10です。

第3週 火曜日 Tuesday　　答え ③コーラ

答え　③コーラ

解説 500mL入りのペットボトル飲料の糖分量をくらべてみると、サイダーには約50g、スポーツドリンクには約31g、コーラには約55g含まれています。糖分をとり過ぎると、むし歯や糖尿病などの原因になります。ふだんの水分補給は、水や麦茶などの甘くない飲み物を選びましょう。

第3週 水曜日 Wednesday　　答え ②八（腹八分に医者いらず）

解説 おなかいっぱいになるまで食べ過ぎないように、腹八分（おなかに入る量の八割）くらいの食事をとれば、健康に過ごせて医者にかかることもないということわざです。

食べ過ぎは生活習慣病を引き起こすなど、体に悪い影響があります。

第3週 木曜日 Thursday　　答え ③凍り豆腐

答え　③凍り豆腐

解説 凍り豆腐は、かためにつくった豆腐を薄く切って凍らせてつくります。凍り豆腐はたんぱく質やカルシウム、鉄などが多く含まれていて、煮物や汁物などで食べられています。

また、乾物なので長期保存ができ、簡単な調理ですぐに食べられて、いろいろな味となじむため、災害時などでも活躍します。

第3週 金曜日 Friday　　答え ①10g以下

答え　①10g以下

解説 100gのだいこんを日光に当てて干してみたところ、7gになりました。100g当たりのだいこんの水分は約95gです。品種や収穫時期などにより水分量に違いがありますが、干すとおおよそ10g以下になります。干すことで栄養成分やうまみが増します。

2月 February 第4週

2月第4週 月曜日 Monday

はしは何と数えるかな？

①膳　②匹　③個

2月第4週 火曜日 Tuesday

この中で塩分がいちばん多い食べ物はどれかな？

①カレーパン　②ラーメン　③牛丼

2月第4週 水曜日 Wednesday

わたしはだれでしょう？

①こんぶ　②もずく　③ひじき

2月第4週 木曜日 Thursday

青□に塩

急に元気がなくなり、しょんぼりするたとえ。□に入る言葉は何かな？

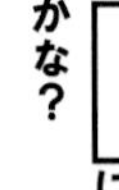

①虫　②菜　③田

2月第4週 金曜日 Friday

滋賀県の琵琶湖でとれる魚を塩漬けにして、米と一緒に漬け込んで発酵させたすしは何かな？

①ふなずし　②ますずし　③さけずし

第4週　月曜日　Monday　　答え ①膳

答え　①膳

解説 はしは2本で「一膳」と数えます。さいばしは食事用ではないので、「膳」ではなく「一揃い」や「一組」と数えます。昔は食事の際に一人ひとりに膳（食事をのせる台）が使われていて、はしが一膳ついたため、はしを「膳」と数えるという説があります。

第4週　火曜日　Tuesday　　答え ②ラーメン

答え　②ラーメン

解説 カレーパンには約1.8g、ラーメンには約6.3g、牛丼には約3gの塩分が含まれています。塩分（ナトリウム）は、体の中の細胞が働くためにとても大切な成分ですが、とり過ぎると高血圧症や胃がんなどの生活習慣病を招いてしまいます。食事や間食などで塩分をとり過ぎないように、注意しましょう。

第4週　水曜日　Wednesday　　答え ③ひじき

答え　③ひじき

解説 ひじきは海でとれる海藻です。

ひじきは鉄が多いといわれていましたが、ゆでる時の釜の素材によって、大きな違いがあります。ゆでて乾燥したひじき100gでくらべてみると、ステンレス製の釜は6.2mg、鉄製の釜は58mgと、鉄釜の方が約9倍多く含まれています。

第4週　木曜日　Thursday　　答え ②菜（青菜に塩）

答え　②菜

青菜に塩

解説 青菜に塩をかけると、しおれてしまうことから、急に元気がなくなりしょんぼりすることのたとえ。

塩をかけると、塩分濃度の薄い方から濃い方に水が出ていくため、この作用を利用して、漬物などがつくられています。

第4週　金曜日　Friday　　答え ①ふなずし

答え　①ふなずし

解説 ふなずしは、琵琶湖でとれるニゴロブナを塩漬けにして、米と漬け込み発酵させたすしです。このように魚と米を漬け込んでつくるすしを「なれずし」といい、すしの原点ともいわれています。ふなずしは、平安時代の『延喜式』にも書かれているほど歴史があり、現在でも祝いの席などで食べられています。

２月のクイズ一覧

週	曜日	クイズ一覧	クイズ内容
第1週	月	日本でいちばん多くホタルイカをとっているのはどこ？	ホタルイカの漁獲量　兵庫県
	火	節分では、ある魚の頭をひいらぎの枝に刺して、門口などに立てる風習があります。ある魚とは何でしょう？	行事　節分　やいかがし
	水	畑の肉といわれている豆は？	大豆
	木	日本でいちばん多くしょうゆをつくっているのはどこ？	しょうゆの出荷量　千葉県
	金	この中で脂質がいちばん多い食べ物はどれかな？	脂質が多い食べ物
第2週	月	どうしてれんこんには穴があるの？	れんこん
	火	これは何の花？	だいこん
	水	この中で食物繊維がいちばん多い食べ物はどれかな？	食物繊維が多い食べ物
	木	江戸時代に将軍家に献上され、御公儀の魚とされたことから、漢字で「公魚」と書かれる魚は？	わかさぎ
	金	日本でいちばん多くみそをつくっているのはどこ？	みその出荷量　長野県
第3週	月	世界でいちばん多くカカオ豆をつくっている国は？	カカオ豆の生産量　コートジボワール
	火	糖分がいちばん多い飲み物はどれかな？	糖分が多い飲み物
	水	腹□分に医者いらず　□に入る言葉は何かな？	ことわざ　腹八分に医者いらず
	木	わたしはだれでしょう？	凍り豆腐
	金	だいこん100gを日光に当てて、切り干しだいこんにしてみたよ。何gになるかな？	だいこんと切り干しだいこん
第4週	月	はしは何と数えるかな？	はしの数え方
	火	この中で塩分がいちばん多い食べ物はどれかな？	塩分が多い食べ物
	水	わたしはだれでしょう？	ひじき
	木	青□に塩　急に元気がなくなり、しょんぼりするたとえ。□に入る言葉は何かな？	ことわざ　青菜に塩
	金	滋賀県の琵琶湖でとれる魚を塩漬けにして、米と一緒に漬け込んで発酵させたすしは何かな？	郷土料理　ふなずし

3月

3月 March 第1週

3月第1週

月曜日

Monday

今のまま、地球温暖化がすすむと、2100年の夏には、日本の東京の最高気温は何℃くらいになるのかな？

①約38℃
②約40℃
③約43℃

3月第1週

火曜日

Tuesday

『モチモチの木』の豆太が、ほっぺたが落ちるほどうまいというもちは、何の木の実からつくっているのかな？

①トチノキ
②イチョウ
③クロガネモチ

3月第1週

水曜日

Wednesday

これは何の花？

①いちご
②メロン
③ブルーベリー

3月第1週

木曜日

Thursday

わたしはだれでしょう？

①豆腐　②わかめ　③ねぎ

3月第1週

金曜日

Friday

桃の節句の行事食として食べられてきた「うしお汁」。何の貝が入っているのかな？

①はまぐり
②かき
③しじみ

第１週 月曜日 Monday　答え ③約43℃

答え　③約43℃

解説 環境省が制作した「2100年未来の天気予報」によると、このまま有効な対策をとらずに地球温暖化がすすむと、2100年の夏には、東京の最高気温は43.3℃、札幌は40.5℃、大阪は42.7℃、福岡は41.9℃という予想が出ています。地球温暖化を抑えるために何ができるのかを、考えてみましょう。

第１週 火曜日 Tuesday　答え ①トチノキ

答え　①トチノキ

解説 『モチモチの木』に出てくる木は、トチノキといわれています。トチノキは日本原産です。トチノキの実は縄文時代頃から食べられていたようで、昔からもちやだんごなどに加工されています。実はあくが強いので、あくぬきのために長い時間と手間がかかります。

第１週 水曜日 Wednesday　答え ①いちご

答え　①いちご

解説 いちごは、バラ科イチゴ属です。現在はさまざまな地域でいろいろないちごが栽培されています。品種などによっても違いますが、花が終わると30～60日くらいで完熟の実を収穫できます。

いちごにはビタミンCがとても多く含まれていて、生のまま手軽に食べられます。

第１週 木曜日 Thursday　答え ②わかめ

答え　②わかめ

解説 わかめは海でとれる海藻で、春が旬です。春は生のものが出回りますが、大半は乾燥させたり塩蔵させたりして売られています。たけのことわかめを一緒に煮る若竹煮は、春の料理としてもよく食べられています。わかめは、カロテンや食物繊維が豊富で低エネルギーの食品です。

第１週 金曜日 Friday　答え ①はまぐり

答え　①はまぐり

解説 桃の節句には、はまぐりのうしお汁や、ひしもち、草もちなどを食べます。はまぐりの貝は、対になった貝以外とは合わないことから、夫婦の仲のよさをあらわしています。また、昔は旧暦の３月３日頃に海岸や川などで「磯遊び」を行い、貝を拾って食べたり、ひとがたを流したりしたといわれています。

3月 March 第2週

3月第2週

月曜日

Monday

桃太郎さんのお腰につけたきびだんご。材料になっているきびはどれかな？

①

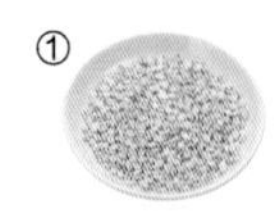

②

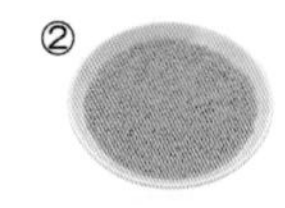

③

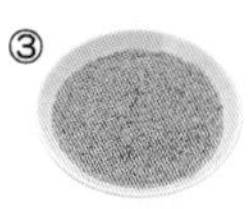

3月第2週

火曜日

Tuesday

日本でいちばん多くあさりをとっているのはどこ？

①愛知県　**②京都府**　**③香川県**

3月第2週

水曜日

Wednesday

これは何の道具かな？

①だいこんをおろすもの

②包丁をとぐもの

③かつおぶしを削るもの

3月第2週

木曜日

Thursday

1歳の誕生日に背負う一升もち。一升もちに使うもち米は何Lかな？

①約1L

②約1.8L

③約2L

3月第2週

金曜日

Friday

右の写真のようなバナナは何と数えるかな？

①個　②本　③房

3月

第2週 月曜日 Monday　　答え ②

答え　②

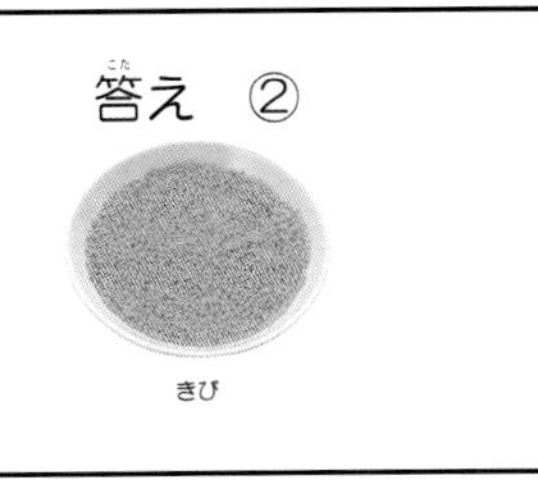

きび

解説 きびがいつから食べられるようになったのかは、はっきりわかっていませんが、縄文時代頃からという説があります。きびは、もちやだんごなどに加工されています。吉備（昔の岡山県）には、桃太郎伝説があり、吉備津彦命が温羅という鬼を退治した話が、昔話の桃太郎の原型になったといいます。

第2週 火曜日 Tuesday　　答え ①愛知県

答え　①愛知県

解説 愛知県は中部地方にあり、都道府県庁所在地は名古屋市です。面積は約5,173㎢です。令和２年の愛知県のあさりの漁獲量は日本一で、1,602トンです。あさりは、うまみが多く、汁物や炊き込みごはんなどで食べられています。愛知県以外では、北海道なども漁獲量が多いところです。

第2週 水曜日 Wednesday　　答え ③かつおぶしを削るもの

答え　③かつおぶしを削るもの

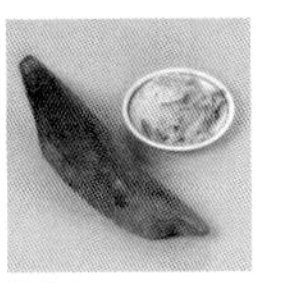

解説 この道具は、かたいかつおぶしを薄く削ることができる道具です。かつおぶしは、和食のだしとして欠かせない食材です。かつおぶしは、かつおを切って加熱し、焙乾（木を燃やして煙でいぶす）後にかびをつけ、乾燥させてつくります。とても長い時間と手間がかかります。

第2週 木曜日 Thursday　　答え ②約1.8Ｌ

答え　②約1.8L

解説 生まれてから１年後に、子どもが元気に育つようにと願う行事が「初誕生」です。この日に、一生食べ物に不自由しないようにと、「一升もち」を風呂敷に包んで背負わせたり、もちを踏ませたりする行事が残っています。一升とは昔の容量の単位で、約1.8Ｌです。

第2週 金曜日 Friday　　答え ③房

答え　③房

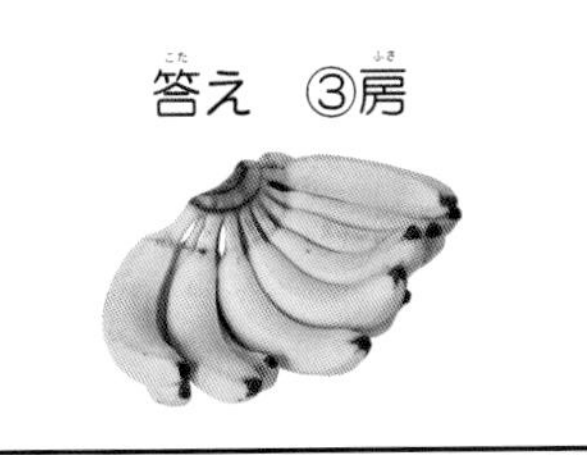

解説 「房」とは、花や実などがたくさん群がってなっている状態をいいます。写真のようなバナナを数える時は「一房」と数えます。もぎ取った状態では、「本」と数えます。ほかの食品では、ぶどうも房と数えます。また、みかんの皮をむいて袋に入った一つひとつも房と数えます（これは個とも数えます）。

3月 March 第３週

３月第３週

月曜日

Monday

これは何の花？

①しいたけ
②もやし（緑豆）
③にんにく

３月第３週

火曜日

Tuesday

丸い□も切りようで四角

丸い形をした□でも、切り方によっては四角になること。□に入る言葉は何かな？

①卵　②梅干し　③りんご

３月第３週

水曜日

Wednesday

この中で鉄がいちばん多く含まれている食べ物はどれかな？

①豚のレバー　②かつお　③生揚げ

３月第３週

木曜日

Thursday

わたしはだれでしょう？

①にら　②もやし　③ねぎ

３月第３週

金曜日

Friday

日本でいちばん多くキウイフルーツをつくっているのはどこ？

①埼玉県　②愛媛県　③山梨県

第3週　月曜日　Monday　　答え ②もやし（緑豆）

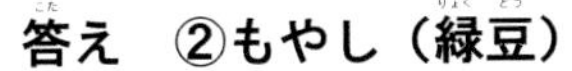

解説 もやし（緑豆もやし）は、マメ科ササゲ属です。もやしは、緑豆や大豆を発芽させたもので、たんぱく質やビタミンB群、ビタミンC、食物繊維などが含まれています。水分が多く低エネルギーで淡白な味で、炒め物や和え物、煮物などで、いろいろな食材と合わせて食べられます。

第3週　火曜日　Tuesday　　答え ①卵（丸い卵も切りようで四角）

答え　①卵

丸い卵も切りようで四角

解説 丸い形をした卵でも、切り方によっては四角になるように、物事も話し方ややり方次第で、丸くおさまったり角が立ったりすることをたとえたことわざです。

この後に、「物もいいようで角が立つ」と続くこともあります。

第3週　水曜日　Wednesday　　答え ①豚のレバー

答え　①豚のレバー

解説 豚のレバー、かつお、生揚げはどれも鉄が多い食品で、特に豚のレバーには100g当たり13mg含まれています。鉄は体の中で、血液をつくるために大切な成分です。鉄が不足すると、疲れやすくなったり息切れをしたりする貧血になります。不足しないように毎日の食事からきちんと鉄をとりましょう。

第3週　木曜日　Thursday　　答え ①にら

答え　①にら

解説 にらは、カロテンがとても多く含まれている緑黄色野菜です。独特のにおいの成分は硫化アリルといい、豚肉やレバーなどに含まれるビタミンB_1と一緒にとると疲労回復に効果があるといわれています。カロテンが豊富なので、油で炒めるとより吸収率が高まります。

第3週　金曜日　Friday　　答え ②愛媛県

解説 愛媛県は四国地方にあり、都道府県庁所在地は松山市です。面積は約5,676㎢です。

令和２年の愛媛県のキウイフルーツの収穫量は日本一で、4,740トンです。キウイフルーツは、ビタミンCが豊富な果物です。

愛媛県以外では、福岡県や和歌山県も収穫量が多いところです。

3月 March 第4週

3月第4週 月曜日 Monday

写真はある都道府県の名前がついたすしです。箱ずしとも呼ばれています。何かな？

①岩手ずし　②愛知ずし　③大阪ずし

3月第4週 火曜日 Tuesday

□もひとりはうまからず

どんなごちそうも、ひとりで食べたのではおいしくないということ。□に入る言葉は何かな？

①肉　②すし　③鯛

3月第4週 水曜日 Wednesday

菜の花が咲く野菜はどれかな？

①ねぎ

②しゅんぎく

③キャベツ

3月第4週 木曜日 Thursday

赤飯はどうしてお祝いの席で食べられるの？

①赤い色には邪気をはらう力があるといわれていたため

②昔、赤鬼の好物で祝いの席に出すようにいったため

3月第4週 金曜日 Friday

卒業おめでとうございます。
みなさんがおとなになってからも役に立つ、給食から学んだことは何でしょう？

①食事のあいさつ
②はしの持ち方などのマナー
③栄養バランスのよい食事

第4週　月曜日　Monday　　　答え ③大阪ずし

答え　③大阪ずし

解説　大阪ずしは、木箱に魚などと酢めしを入れて、押した後に取り出して、食べやすいように切りわけたものです。このようなすしを「箱ずし」と呼びます。明治時代に普及し、その後、えびやたい、あなごなどを使った箱ずしがつくられるようになりました。行楽弁当や駅弁などでも親しまれています。

第4週　火曜日　Tuesday　　　答え ③鯛（鯛もひとりはうまからず）

解説　せっかくのごちそうも、一人で食べたのではおいしくないということをたとえたことわざです。

鯛は魚の王様といわれ、ハレの日の食卓に上る魚です。

第4週　水曜日　Wednesday　　　答え ③キャベツ

答え　③キャベツ

解説　キャベツを収穫せずに畑でそのままにしておくと、菜の花が咲きます。菜の花が咲くのは、アブラナ科アブラナ属の野菜です。キャベツは１年中食べられますが、冬に多く出回るのは葉が厚めでしっかりと巻かれたもので、春に出回るのは葉がやわらかくて巻きがゆるめです。

第4週　木曜日　Thursday　　　答え ①赤い色には邪気をはらう力があるといわれていたため

答え　①赤い色には邪気をはらう力があるといわれていたため

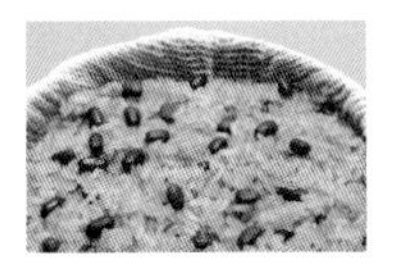

解説　赤飯は小豆（またはささげ）のゆで汁でもち米を蒸したもので、赤い色には邪気をはらう魔よけの力があるといわれていました。そのため、赤飯は入学式や卒業式、お祭りなど、さまざまな特別な日（ハレの日）に食べられています。

第4週　金曜日　Friday　　　答え ①②③すべて

答え　①②③すべて

①食事のあいさつ

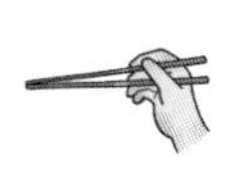

②はしの持ち方などのマナー

③栄養バランスのよい食事

解説　学校給食は、みなさんが健やかに成長するために、栄養バランスを考えてつくられています。また、給食は食事のあいさつや、はしの持ち方などのマナー、バランスのよい献立、郷土料理、行事食など、さまざまなことを学ぶことができる教材です。これらは、おとなになっても役に立つ大切なことです。

3月のクイズ一覧

週	曜日	クイズ一覧	クイズ内容
第1週	月	今のまま、地球温暖化がすすむと、2100年の夏には、日本の東京の最高気温は何℃くらいになるのかな？	地球温暖化
	火	『モチモチの木』の豆太が、ほっぺたが落ちるほどうまいというもちは、何の木の実からつくっているのかな？	教科書(国語)に出てくる食べ物
	水	これは何の花？	いちご
	木	わたしはだれでしょう？	わかめ
	金	桃の節句の行事食として食べられてきた「うしお汁」。何の貝が入っているのかな？	行事食　桃の節句　はまぐり
第2週	月	桃太郎さんのお腰につけたきびだんご。材料になっているきびはどれかな？	きびだんご　きび
	火	日本でいちばん多くあさりをとっているのはどこ？	あさりの漁獲量　愛知県
	水	これは何の道具かな？	かつおぶし
	木	1歳の誕生日に背負う一升もち。一升もちに使うもち米は何Lかな？	行事　一升もち
	金	右の写真のようなバナナは何と数えるかな？	バナナの数え方
第3週	月	これは何の花？	もやし（緑豆）
	火	丸い□も切りようで四角　丸い形をした□でも、切り方によっては四角になること。□に入る言葉は何かな？	ことわざ　丸い卵も切りようで四角
	水	この中で鉄がいちばん多く含まれている食べ物はどれかな？	鉄が多い食べ物
	木	わたしはだれでしょう？	にら
	金	日本でいちばん多くキウイフルーツをつくっているのはどこ？	キウイフルーツの収穫量　愛媛県
第4週	月	写真はある都道府県の名前がついたすしです。箱ずしとも呼ばれています。何かな？	郷土料理　大阪ずし
	火	□もひとりはうまからず　どんなごちそうも、ひとりで食べたのではおいしくないということ。□に入る言葉は何かな？	ことわざ　鯛もひとりはうまからず
	水	菜の花が咲く野菜はどれかな？	アブラナ科の野菜　キャベツ
	木	赤飯はどうしてお祝いの席で食べられるの？	行事食　赤飯
	金	卒業おめでとうございます。みなさんがおとなになってからも役に立つ、給食から学んだことは何でしょう？	給食で学んだこと

参考文献

「日本食品標準成分表2020年版（八訂）」文部科学省科学技術・学術審議会資源調査分科会
「小学生用食育教材 たのしい食事つながる食育」文部科学省
「早寝早起き朝ごはんで輝く君の未来～睡眠リズムを整えよう！～（中学生・高校生等向け普及啓発資料）（令和３年度改定）」文部科学省
「平成22年度児童生徒の食事状況等調査報告書」独立行政法人日本スポーツ振興センター
「令和４年全国都道府県市区町村別面積調（１月１日時点）」国土交通省国土地理院
「作物統計調査 令和２年産」農林水産省
「平成30年特産果樹生産動態等調査」農林水産省
「平成30年産地域特産野菜生産状況」農林水産省
「海面漁業生産統計調査 令和２年」農林水産省
「2020年工業統計調査」（2019年実績）経済産業省
「貿易統計」財務省
「2100年未来の天気予報」（新作版）環境省
『新しい家庭5・6』浜島京子 岡陽子ほか44名著 東京書籍刊
『わたしたちの家庭科５・６』鳴海多惠子 石井克枝 堀内かおるほか著 内野紀子監修 開隆堂出版刊
『新しい技術・家庭 家庭分野 自立と共生を目指して』佐藤文子 志村結美ほか55名著 東京書籍刊
『技術・家庭【家庭分野】』大竹美登利ほか116名著 鶴田敦子監修 開隆堂出版刊
『小学社会５年』池野範男 的場正美 安野功ほか123名著 日本文教出版刊
『楽しく学ぶ 小学生の地図帳 ３・４・５・６年』帝国書院編集部ほか10名著 次山信男監修 帝国書院刊
『社会科 中学生の地理 世界の姿と日本の国土』加賀美雅弘ほか22名著 帝国書院刊
『中学校社会科地図』佐藤清ほか11名著 金坂清則監修 帝国書院刊
『国語三 下あおぞら』甲斐睦朗ほか43名著 光村図書出版刊
『国語四 下はばたき』甲斐睦朗ほか43名著 光村図書出版刊
『新しい国語 四下』秋田喜代美ほか106名著 東京書籍刊
『地域食材大百科 第１巻 穀類，いも，豆類，種実』社団法人農山漁村文化協会編・刊
『地域食材大百科 第２巻 野菜』社団法人農山漁村文化協会編・刊
『地域食材大百科 第５巻 魚介類，海藻』社団法人農山漁村文化協会編・刊
『地域食材大百科 第６巻 もち，米粉，米粉パン，すし，加工米飯，澱粉』社団法人農山漁村文化協会編・刊
『和食文化ブックレット２ 年中行事としきたり』一般社団法人和食文化国民会議監修 中村羊一郎著 思文閣出版刊
『和食文化ブックレット３ おもてなしとマナー』一般社団法人和食文化国民会議監修 熊倉功夫 後藤加寿子共著 思文閣出版刊
『からだのための食材大全』池上文雄 加藤光敏 河野博 三浦理代 山本謙治共監修 NHK出版刊
『だしとは何か』熊倉功夫 伏木亨共監修 アイ・ケイコーポレーション
『都道府県別 地方野菜大全』タキイ種苗株式会社出版部編 芦澤正和監修 農山漁村文化協会刊
『まるごとわかる ふるさとおもしろ食べ物百科③東海・近畿』向笠千恵子監修 日本図書センター刊
『郷土食の料理集〔全国版〕学校給食から伝えていきたい日本の味』社団法人全国学校栄養士協議会編・刊
『都道府県別 地方野菜大全』タキイ種苗株式会社出版部編 芦澤正和監修 農山漁村文化協会刊
『建長寺と鎌倉の精進料理』大本山建長寺監修・執筆 学習研究社刊
『ふなずしの謎 新装版』滋賀の食事文化研究会編著 サンライズ出版刊
『日本の食生活全集17 聞き書 石川の食事』「日本の食生活全集 石川」編集委員会編 農山漁村文化協会刊
『祝いの食文化』松下幸子著 東京美術刊
『「まつり」の食文化』神崎宣武著 角川学芸出版刊
『日本の「行事」と「食」のしきたり』新谷尚紀監修 青春出版社刊
『坂本廣子のつくろう！ 食べよう！ 行事食 ①正月から桃の節句』坂本廣子著 奥村彪生監修 少年写真新聞社刊
『こどもSDGs なぜSDGsが必要なのかがわかる本』秋山宏次郎監修 カンゼン刊
『ごみから考えるSDGs 未来を変えるために、何ができる？』織朱實監修 PHP研究所刊
『岩波ことわざ辞典』時田昌瑞著 岩波書店刊
『数え方の辞典』飯田朝子著 町田健監修 小学館刊
『豆腐百珍』福田浩 杉本伸子 松藤庄平共著 新潮社刊
『和食と日本文化 日本料理の社会史』原田信男著 小学館刊
『学校給食の発展』文部省 日本学校給食会編・刊
『捕鯨の文化人類学』岸上伸啓編著 成山堂書店刊　ほか
森功次 林志直 野口やよい 甲斐明美 大江香子 酒井沙知 原元宣 諸角聖「Norovirusの代替指標としてFeline Calicivirusを用いた手洗いによるウイルス除去効果の検討」『感染症学雑誌』80(5):496-500,2006　ほか
文部科学省HP　農林水産省HP　厚生労働省HP　外務省HP　国土交通省HP　消費者庁HP　林野庁HP　造幣局HP　国立国会図書館HP　国際連合広報センターHP　国立研究開発法人農業・食品産業技術総合研究機構HP　独立行政法人農畜産業振興機構HP　地方独立行政法人北海道立総合研究機構 農業研究本部　花・野菜技術センターHP　公益財団法人日本スポーツ協会HP　公益社団法人米穀安定供給確保支援機構：米ネットHP　公益財団法人 長寿科学振興財団HP　公益財団法人 骨粗鬆症財団HP　全国学校給食会連合会HP
WHOHP　World Health Organization - Global Health Observatory - Life expectancy at birth
Food and Agriculture Organization of the United Nations (FAO)　FAOSTAT
日本ユニセフ協会HP
北海道HP　鶴岡市HP　茨城県HP　千葉県HP　千葉市HP　八街市HP　江戸川区HP　長野県HP　関市HP　福井市HP　京都府HP　奈良県HP　兵庫県HP　倉敷市HP　香川県HP　山口県HP　福岡県HP　鹿児島県HP　沖縄県HP　神宮HP　東京都水道局HP　岡山県古代吉備文化財センターHP　美浦村文化財センターHP　鵜川漁業協同組合HP　一般社団法人日本昆布協会：こんぶネット　岐阜県関刃物産業連合会HP　長野県味噌工業協同組合連合会HP　深川めし振興協議会HP　鶏鳴新聞社HP　たばこと塩の博物館HP　ほか

監修者
桂　聖（かつら・さとし）

筑波大学附属小学校教諭。山口県公立小学校、山口大学教育学部附属山口小学校、広島大学附属小学校、東京学芸大学附属小金井小学校を経て現職。筑波大学講師兼任。一般社団法人日本授業UD学会理事長、全国国語授業研究会理事、光村図書国語教科書編集委員等を務める。著書・編著に『国語授業のユニバーサルデザイン』『教材に「しかけ」をつくる国語授業10の方法』『「めあて」と「まとめ」の授業が変わる「Which型課題」の国語授業』『授業UDを目指す「全時間授業パッケージ」国語（1～6年)』『教室でも楽しめる！みんなでZoomあそび！』（以上東洋館出版社刊）『なぞらずにうまくなる 子どものひらがな練習帳』（実務教育出版刊）ほか多数。

イラスト
櫻井敦子（さくらい・あつこ）

イラストレーター。女子美術大学卒業。『おかえり、またあえたね』東京書籍刊、『たべるってたのしい！ すききらいなんてだいきらい』『家庭とつながる！ 新食育ブック①～④』少年写真新聞社刊など多数。児童書を中心に活躍中。

協力：筑波大学附属桐が丘特別支援学校 栄養教諭 山口智帆
（前任校：筑波大学附属小学校）

毎日食育クイズ250 書きかえ自由自在パワーポイントブック CD-ROMつき

2022年8月10日　初版第1刷発行
監　修　桂 聖
発行人　松本 恒
発行所　株式会社少年写真新聞社
〒102-8232 東京都千代田区九段南4-7-16市ヶ谷KTビルⅠ
TEL 03-3264-2624　FAX 03-5276-7785
URL　https://www.schoolpress.co.jp
印刷所　大日本印刷株式会社

ISBN978-4-87981-761-7　C3037

スタッフ　■編集 北村摩理　■DTP 服部智也 木村麻紀 金子恵美 武蔵めぐ美　■校正 石井理抄子　■装丁 武蔵めぐ美
■編集長 河野英人